ENTONCES, ¿CUÁL
── ES LA ──
DIFERENCIA?

FRITZ RIDENOUR

CASA
CREACIÓN
A STRANG COMPANY

Entonces, ¿cuál es la diferencia? por Fritz Ridenour
Publicado por Casa Creación
Una compañía de Strang Communications
600 Rinehart Road
Lake Mary, Florida 32746
www.casacreacion.com

A menos que se indique lo contrario, todos los textos bíblicos
han sido tomados de la versión Reina-Valera, de la *Santa Biblia*,
revisión 1960. Usado con permiso.

Algunos textos bíblicos han sido tomados de la *Santa Biblia*,
Nueva Versión Internacional (NVI),
© 1999 por la Sociedad Bíblica Internacional. Usado con permiso.

Traducido por: *Grupo Nivel Uno, Inc.*
Diseño interior por: *Grupo Nivel Uno, Inc.*

Library of Congress Control Number: 2005937690

ISBN: 1-59185-520-9

Impreso en los Estados Unidos de América

05 06 07 08 09 ❖ 9 8 7 6 5 4 3 2 1

CONTENIDO

Parte Tres
Cultos, nuevas religiones y lo oculto

HOY LA DIFERENCIA CUENTA MÁS QUE NUNCA

El objetivo de esta edición revisada, actualizada y ampliada de *Entonces, ¿cuál es la diferencia?* sigue siendo el mismo que en la primera impresión de la obra hace 30 años: marcar las diferencias entre la fe cristiana histórica y las perspectivas representadas en las principales religiones, sectas e ideologías que compiten por ganarse el corazón de la gente hoy día. Y a decir verdad, han cambiado muchas cosas en nuestra sociedad desde que apareció este libro por primera vez a fines de la década de 1960.

El centro cultural de Estados Unidos ha cambiado de la moral y actitudes cristianas o judeocristianas a las postcristianas.

El pensamiento relativo, la idea de que no existe verdad absoluta objetiva y que «lo que sea verdad o correcto para ti no necesariamente lo será para mí», ha captado la imaginación de una vasta cantidad de personas, y hasta se ha infiltrado en algunas iglesias cristianas.[1]

Hay una creciente controversia en algunas denominaciones porque algunos líderes de la iglesia han abandonado las enseñanzas esenciales cristianas, incluyendo la encarnación de Cristo, su obra redentora en la cruz y su resurrección.[2]

Las juntas escolares, otras autoridades y el Tribunal Supremo han buscado eliminar a Dios de las aulas, lo cual dificulta los ministerios y demás intereses cristianos, con reglas y decisiones de diversos tipos.

Un creciente número de personas ha huido de «la religión organizada», para buscar «espiritualidad» de muchas formas «no tradicionales», sobre todo en el movimiento de la Nueva Era. También han aparecido muchas ideologías y sectas nuevas. Algunas claman ser cristianismo legítimo con visiones nuevas y más profundas. Además de estas «nuevas» perspectivas, las viejas ideologías y sectas antiguas han desarrollado formas de apelar más sutiles y argumentos más convincentes.

Con este enorme menú de opciones y opiniones, es más importante que nunca que los cristianos bíblicos puedan reconocer y discernir las diferencias básicas entre la perspectiva cristiana y las creencias defendidas por vecinos, compañeros de trabajo o estudios.

¿SABES CUÁL ES TU PERSPECTIVA?

Un testimonio común vincula a todos los creyentes sinceros en Cristo, distinguiéndoles de las demás perspectivas. El término «perspectiva» quizá suene un tanto abstracto, pero dicho de manera sencilla, la perspectiva que uno tiene es el conjunto de suposiciones que conforma la visión personal de la naturaleza del mundo y el cómo vivir en ese mundo día a día. Es el «conjunto de creencias sobre los temas más importantes de la vida».[3]

Es importante saber que todos tenemos una perspectiva, lo reconozcamos o no, independientemente de nuestra capacidad para verla o expresarla. Uno quizá no piense en su propia perspectiva al tomar decisiones o expresar opiniones, pero ésta influye en nuestros pensamientos, sentimientos y acciones. Tu perspectiva se basa en cómo ves las respuestas a algunas de las preguntas importantes de la vida, lo cual incluye: (1) ¿Qué o quién es Dios? (2) ¿Quién soy y cómo opero en mi mundo? (3) ¿Cómo puedo saber qué está bien y qué está mal? (4) Cuando acabe esto, ¿dónde iré? (5) ¿Cómo puedo saber la verdad?; y en tal caso, ¿cómo puedo estar seguro de lo que sé? (6) ¿Qué sentido tiene mi vida, y cómo encajo en la historia, si es que encajo?[4]

Hoy, los cristianos se enfrentan a muchas perspectivas no bíblicas que pueden agruparse en cuatro categorías: naturalismo, panteísmo, politeísmo y una cuarta categoría posible de relativismo, que de manera típicamente postmodernista busca evitar las etiquetas y categorías.

El naturalismo dice que Dios no existe, y que lo único que existe es la materia física. Charles Colson, prolífico autor y formador del pensamiento cristiano contemporáneo, cree que el naturalismo es, por mucho, la perspectiva dominante en el mundo de hoy, y que es responsable de la creación de nuestra cultura postcristiana y postmoderna.[5] En estrecha vinculación con el naturalismo, hay otras perspectivas anticristianas como el humanismo secular, el empirismo y el evolucionismo.

La segunda categoría principal de perspectivas proviene del oriente. Se llama monismo panteísta, que afirma: «Todo es uno, uno es todo, y todo es Dios». El hinduismo y el budismo comparten elementos importantes de esta perspectiva. Y el movimiento de la Nueva Era, en gran parte, es una adaptación occidental de las perspectivas y el pensamiento religioso del hinduismo y el budismo.

Una tercera perspectiva que aparecerá de tanto en tanto es el politeísmo: la idea de que hay muchos dioses, diosas y espíritus a los que debemos agradar y aplacar para poder tener una vida razonablemente buena. Hay politeístas que visten con taparrabos, y otros visten traje y corbata.

Encontramos politeísmo en el hinduismo y en ramas de la Nueva Era, como así también entre los mormones (aunque lo negarán rotundamente –ver el capítulo 8).

Una cuarta categoría se reserva a quienes son reticentes a comprometerse con cualquier perspectiva en particular. Prefieren ir tomando y eligiendo lo que les gusta de las diferentes perspectivas, y no parece molestarles demasiado el hecho de que haya ideas que se contradicen. Lo único que importa es «lo que te sirve, lo que te va bien». Estas personas dirán cosas como: «No creo que haya un único sistema que contenga toda la verdad». Sea lo que fuere que contenga esta perspectiva, es relativista y –por lo general– forma parte del pensamiento que encontramos en el humanismo secular y el postmodernismo, como así también del movimiento de la Nueva Era.

¿PUEDES ARTICULAR TU PERSPECTIVA BÍBLICA?

Dado que este libro presenta la diferencia entre el cristianismo y otras perspectivas, el objetivo es lograr que afines tu perspectiva según tu propia perspectiva bíblica. Es obvio que el cristiano utiliza la Biblia para responder a todas estas preguntas que mencionamos antes: hay solamente *un* Dios, supremo y soberano. Y aunque es trascendente, y está por encima de y más allá de nosotros, también es inmanente, y está entre nosotros al mismo tiempo. Él lo creó todo, el universo y el mundo en el que vivimos. Además, lo hizo a partir de la nada. No ordenó o armó todo a partir de otra cosa que fuera eterna igual que Él.

Su creación más sublime fue la humanidad: nosotros. Fuimos creados a imagen de Dios; y cuando morimos o vamos con Él o nos separamos de Él para siempre. No hay un regreso para «tratar de arreglar las cosas». Porque el pecado nos impide hacer las cosas bien, Dios envió a su Hijo –parte de sí mismo– para redimirnos y justificarnos (el capítulo 1 trata esto con más detalle).

En cuanto al conocimiento, la perspectiva cristiana no concuerda con los escépticos que afirman que el conocimiento es sencillamente imposible de lograr. (Digamos, de paso, que si quieres estropearle el día a un escéptico, nada más pregúntale *cómo es que sabe* que el conocimiento es imposible de lograr.) Como Dios es el conocedor omnisciente de todo, y porque fuimos creados a su imagen (ver Génesis 1:27), podemos saber todo lo que necesitamos conocer conforme trabajemos sobre nuestra propia perspectiva cristiana. Obviamente, la parte más importante de la perspectiva de un cristiano es el conocimiento de Dios. Y podemos conocer a Dios a través de dos formas de revelación: el orden creado de su universo, y la revelación especial: las Escrituras (también hay más sobre esto en el capítulo 1).

En cuanto al bien y el mal, el cristiano no necesita ceder ante las afirmaciones del humanismo secular o el postmodernismo acerca de que no exista absolutos y toda verdad sea «relativa». Es decir, que lo que está bien para ti está bien, y lo que está bien para mí también lo está. La verdad moral, en particular, es absoluta porque Dios así lo ha pronunciado. Los Diez Mandamientos no son «diez sugerencias». No sólo necesitamos aprender los mandamientos de Dios, sino que además hacen falta sus constantes recordatorios de lo que está bien o mal porque nuestra capacidad humana es por naturaleza pasible de engaño, no sólo de parte de otras personas, sino también de parte de Satanás, quien «se disfraza como ángel de luz» (2 Corintios 11:14; ver también Efesios 6:12).

Rodeados como lo estamos hoy con tantas perspectivas hostiles, sutilmente engañosas, también debemos estar al tanto de que una de las estrategias más antiguas y diabólicas de Satanás consiste en convencer a los humanos de que no se puede confiar en Dios (ver Génesis 3:1-15). La historia es un registro del modo en que Satanás ha tenido éxito en el cumplimiento de sus metas.

Y al hablar de la historia y su significado para nuestra vida, la Biblia nos enseña que la historia es lineal. Es decir, que la historia va en línea recta hacia un lugar. Tuvo un comienzo, va hacia un objetivo, y terminará en un final planeado por Dios. Esta es una visión muy distinta de la que tiene el panteísmo oriental, que ve la historia como ciclos que se suceden una y otra vez, y en la que el tiempo casi no tiene significado.[6]

Como la historia es lineal, esto significa que Dios tiene un plan para su Iglesia. La Iglesia ha tenido un rol vital en la historia durante casi 2,000 años, pero ¿qué es la Iglesia, y quién está en la Iglesia?

LA IGLESIA ES VISIBLE E INVISIBLE

A partir de la primera iglesia descrita en los primeros capítulos del libro de los Hechos hasta nuestros días, ha habido siempre un grupo central de creyentes sinceros en la muerte redentora de Cristo en la cruz y en su resurrección que garantizan la vida eterna. Estos creyentes sinceros son identificados en las Escrituras como el «Cuerpo de Cristo», a los que se refiere Pablo en varias de sus epístolas (ver Romanos 12:5; 1 Corintios 12:27; Efesios 1:23; 4:12; Colosenses 1:24; 2:19).

A lo largo de los siglos, este Cuerpo de Cristo se ha reunido en iglesias visibles de todo tipo. El teólogo Wayne Grudem observa que el Nuevo Testamento utiliza la palabra «iglesia» al referirse a los creyentes que se reunían en las casas (ver Romanos 16:5; 1 Corintios 16:19,) en una ciudad (ver 1 Corintios 1:2; 2 Corintios 1:1) o una región (ver Hechos 9:31).[7]

Sin embargo, Grudem reconoce que «la iglesia visible…siempre incluirá a algunos no creyentes…porque nosotros no podemos ver los corazones como los ve Dios».[8] Sí señala que la iglesia, siendo visible, también es invisible. Es invisible «en su verdadera realidad espiritual como comunidad que reúne a todos los creyentes genuinos». Grudem cita al autor de Hebreos que habla de la «congregación de los primogénitos que están inscritos en los cielos» (Hebreos 12:23). La Iglesia invisible entonces, se basa en lo siguiente: «Conoce el Señor a los que son suyos» (ver 2 Timoteo 2:19).[9]

Esta Iglesia invisible –el Cuerpo de Cristo– se encuentra hoy en todos los lugares del mundo, sin residir en una iglesia o denominación en particular.

Todos los años, el *International Bulletin of Missionary Research* [Boletín Internacional de Investigación Misionera] recoge información de la Iglesia visible, reuniendo cifras de los siete grupos principales, que incluyen a los católicos romanos, los ortodoxos orientales y los protestantes. Según el informe del IBMR para el año 2000, la población se calculaba en 6,055,049,000. De ellos, 1,888,442,000, es decir el 33%, se denominan cristianos.[10] ¿Cuántos cristianos verdaderos podemos encontrar entre los que se llaman cristianos? Porque las Escrituras nos dicen que el trigo crece junto a la cizaña (ver Mateo 13:24-30), solamente Dios lo sabe. Sin embargo, Él incluye a todo seguidor sincero en el invisible Cuerpo de Cristo, como parte de «la comunidad de todos los creyentes sinceros en todo tiempo...compuesta por todos los verdaderamente salvos» (ver Efesios 1:22,23; 5:25).[11]

SER CRISTIANO ES UNA CUESTIÓN PERSONAL

Irónico y triste por de más, existen diferencias –algunas importantes y otras no– entre todas las ramas o bloques de cristianos en todo el mundo. A veces, estas diferencias son tan grandes que los miembros de un bloque o rama acusan a los de otra de no tener plena salvación (o ninguna salvación). Sin embargo, ante todas las vallas eclesiásticas que se te presenten en tu congregación en particular, debes recordar que el tema central es la fe personal en Jesucristo como Salvador y Señor, la justificación por la fe a través de la redención por medio de la sangre de Cristo Jesús (ver Romanos 3:24).

Debemos dejar un punto esencial en claro: ser miembro de una iglesia o grupo, cualquiera que sea, no garantiza automáticamente que formemos parte del Cuerpo de Cristo. Para usar una frase conocida, ir a la iglesia regularmente no te hace más cristiano, del mismo modo en que ir a McDonald's todos los días no te convierte en hamburguesa. Tienes que relacionarte con Jesucristo de manera personal, poner tu confianza en Él como Salvador y Señor. Ser un cristiano sincero y verdadero es un asunto personal entre tú y Dios. *Nadie más puede hacerlo por ti.*

La razón por la que puedes dar estos pasos personales en confianza descansa en la principal premisa del cristianismo: que el mismo Dios que creó los cielos y la tierra es capaz de comunicarse con su creación de maneras que podemos entender con claridad. Nunca entenderemos completamente al infinito Dios con nuestro limitado intelecto, pero esto no limita la capacidad de Dios para comunicar lo que él quiere que sepamos.

La afirmación de que Dios se comunica y revela con claridad es precisamente lo que le molesta a tantas personas. Porque si esta afirmación es cierta, entonces somos todos igual de responsables, y rendiremos cuentas del mismo modo, sin excusas ante Dios. Decir que Dios se comunica únicamente por medio de la Escritura inspirada —el Antiguo Testamento y el Nuevo Testamento— niega la afirmación de que todas las religiones son igualmente válidas. Además, acusa a algunos sistemas de creencias de ser totalmente falsos, llenos de mentira; golpea en la cara a los escépticos y agnósticos, quienes dicen que nadie puede saber nada en realidad; perturba a los materialistas que creen que el mundo físico es la única realidad y que todo lo demás es superstición; niega la afirmación de los místicos que dicen que toda verdad absoluta es inadecuada y engañosa, y ofende a los que han elegido el placer o el poder como dioses de sus vidas.

Así que, ¿qué es esto que Dios ha revelado con tanta claridad? La evidencia para la perspectiva bíblica está escrita claramente en las páginas de la Biblia. En el capítulo 1, revisaremos esta evidencia que forma el cimiento para este libro. La pregunta principal es cómo quieres tratar la evidencia, resumida muy bien en 1 Corintios 15:3,4: «Que Cristo murió por nuestros pecados, conforme a las Escrituras; y que fue sepultado, y que resucitó al tercer día, conforme a las Escrituras».

LA IMPORTANCIA DE UNA PERSPECTIVA BÍBLICA

CAPÍTULO 1

EL CRISTIANISMO BÍBLICO

UNA PLOMADA PARA COMPARAR DIFERENTES RELIGIONES

Cristianismo bíblico. ¿Qué significa eso? ¿Puede uno ser cristiano y no ser bíblico? ¿Es que hay marcas de cristianismo que son contrarias a la Biblia? ¿Y qué significa tener una plomada para comparar diferentes religiones? Hacen falta algunas definiciones aquí:

BÍBLICO. Sea cual sea su tradición o denominación, la mayoría de los que responden al nombre de cristianos afirman ser bíblicos en algún sentido. En cuanto a los propósitos de este libro, «bíblico» significa que el creyente cristiano busca con cuidado y seriedad el significado de la Biblia según lo que dice, de forma estricta y sin adaptar para que se adecue a sus tiempos. Los cristianos bíblicos ven la Biblia con todo respeto y reverencia porque creen que es verdad, tiene autoridad y contiene las palabras de Dios mismo.

15

Ya en el siglo II, y también a fines del siglo I, los cristianos vieron la necesidad de separar la fe cristiana correcta (verdadera) de los diversos tipos de herejías sutiles que comenzaban a infiltrarse. Webster define a la herejía como «opinión que se opone a la doctrina comúnmente recibida y que tiende a promover la división o el desacuerdo». El cristianismo siempre ha tenido enemigos, pero ninguno más peligroso que los herejes que han sustentado opiniones opuestas a las verdades comúnmente recibidas sobre las que se fundó el cristianismo. Estas verdades comunes están contenidas en el Nuevo Testamento, los libros y epístolas que se reconocen como palabras de Dios, inspiradas y definidas sobre lo que es en realidad el cristianismo.

A partir del gnosticismo de los siglos I y II hasta el liberalismo de hoy día, los cristianos bíblicos –el Cuerpo de Cristo– han tenido que guardarse de la herejía, y también de ser demasiado rápidos para juzgar a otros cristianos que tuvieran puntos de vista distintos. El cristianismo bíblico es como una enorme carpa o toldo que cubre una cantidad de iglesias, denominaciones y grupos que tienen creencias o interpretaciones de las Escrituras que prefieren o destacan. Sin embargo, lo que vincula y une a todos estos grupos son las doctrinas bíblicas básicas que se centran en torno a esta enseñanza simple y sencilla:

> Que Cristo murió por nuestros pecados, conforme a las Escrituras; y que fue sepultado, y que resucitó al tercer día, conforme a las Escrituras (1 Corintios 15:3-4).

Obviamente, hay mucho más en el cristianismo de lo que se dice en estos dos versículos, pero aquí encontramos la plomada para poder comparar el cristianismo básico con respecto a otras creencias.

PLOMADA. Hoy, los albañiles siguen utilizando la plomada –un piolín del que pende una pesa de plomo– para comprobar que la pared de ladrillos que levantan está derecha. En un librito que está entre los profetas menores del Antiguo Testamento, Dios le dijo a Amós: « He aquí, yo pongo plomada de albañil en medio de mi pueblo» (Amós 7:8).

Como el Espíritu Santo dirigía los pensamientos de Amós, la analogía de la plomada le vino al pensamiento, y se refirió a esta herramienta familiar para decirle al pueblo de Israel lo que Dios quería que supieran: que Dios los mediría según sus parámetros, su Palabra y nada más.

De la misma manera, la Palabra de Dios será la plomada utilizada en este libro para definir las diferencias entre las verdades básicas sobre las que se fundó el cristianismo, y lo que creen otras religiones. Exploraremos las enseñanzas de la Biblia en tres puntos clave, contenidos todos como en una cápsula en 1 Corintios 15:3,4.

- La persona y la obra de Cristo –quién es Él y lo que hizo por nosotros.
- El mayor problema de la humanidad[1] –todos somos pecadores en rebelión en contra de Dios y necesitamos un Salvador.
- La verdad y confiabilidad de la Biblia –inspiración divina de las Escrituras.

CRISTO MURIÓ

Por definición, la columna vertebral del cristianismo es Cristo. Hay dos temas principales respecto de Jesucristo: quién es Él, y qué hizo Él.

1. ¿Quién es Él? ¿Sólo un hombre? ¿Dios, disfrazado de hombre? ¿O alguien singularmente diferente?
2. ¿Qué hizo Él? ¿Enseñarnos cómo vivir? ¿Morir por nuestros pecados? ¿Las dos cosas?

Todos los cristianos bíblicos que se suscriben al Credo Niceno están de acuerdo con la deidad de Cristo. A continuación, presentamos algunas de las preguntas más frecuentes que formula la gente con respecto a Jesucristo.

¿Era Jesús realmente Dios o nada más que un gran maestro?

Aunque la Biblia no utiliza las palabras «Jesús es Dios» exactamente, el registro bíblico enseña con frecuencia y claridad que Jesucristo es, de hecho, Dios. Por ejemplo, Juan 1:1 se refiere a Cristo como el Verbo (Logos), y nos dice que « En el principio era el Verbo... y el Verbo era Dios». Juan 1:14 da testimonio de que «Y aquel Verbo [Dios] fue hecho carne, y habitó entre nosotros (y vimos su gloria, gloria como del unigénito del Padre), lleno de gracia y de verdad».

Es de vital importancia lo que Jesús dijo de sí mismo. En varias ocasiones, afirmó ser igual a Dios. Veamos, por ejemplo, Juan 10:30: «Yo y el Padre uno somos» En otra ocasión, Jesús le dijo a Felipe y algunos de los otros discípulos que porque lo habían visto a Él, habían visto al Padre (ver Juan 14:9).

Además, Jesús se refirió frecuentemente a sí mismo como Dios. En Juan 8:58, Jesús les dijo a los fariseos: «De cierto, de cierto os digo: Antes que Abraham fuese, yo soy». Los fariseos, excelentes estudiosos de la Biblia, sabían que en Éxodo 3:14 Dios le había dicho a Moisés: «Así dirás a los hijos de Israel: YO SOY me envió a vosotros». Los fariseos sabían que Jesús afirmaba ser el Dios de Israel.[2] Levantaron piedras y habrían intentado matarlo, pero Jesús se les escapó.

Jesús también afirmó ser Dios en importantes conversaciones con sus discípulos. Por ejemplo, antes de ser arrestado la noche de la Última Cena, Jesús les dijo a sus discípulos: «Yo soy el camino, y la verdad, y la vida; nadie viene al Padre, sino por mí. Si me conocieseis, también a mi Padre conoceríais».

Felipe entonces pidió: «Señor, muéstranos el Padre, y nos basta». Y la respuesta de Jesús era una clara afirmación de divinidad e igualdad con Dios: «El que me ha visto a mí ha visto al Padre» (ver Juan 14:5-9, también 29:24-29).

En resumen, si Jesucristo no era quien él afirmaba ser (Dios), sino solamente un hombre, entonces el cristianismo es un fraude, y Jesús tiene que haber sido o mentiroso o lunático. Como dijo C. S. Lewis: «No nos deja otra alternativa. No fue su intención dejarla».[3]

¿Fue verdad que Jesús nació de una virgen?

Según la Biblia, Jesús nació de la virgen María. Las personas con una perspectiva atea o naturalista se burlan de esta historia porque no pueden aceptar que haya milagros o cosas sobrenaturales. Otros objetarán a la doctrina del nacimiento de una virgen al decir que es similar a otra leyenda, como las historias paganas (politeístas) de héroes mitad dioses mitad hombres. Pero hay una gran diferencia entre la perspectiva pagana y la bíblica. En todos los relatos paganos de este tipo, existe una fuerte coexistencia física de un dios con un ser humano. En el relato de las Escrituras, a María simplemente se le informa lo siguiente: «El Espíritu Santo vendrá sobre ti, y el poder del Altísimo te cubrirá con su sombra; por lo cual también el Santo Ser que nacerá, será llamado Hijo de Dios» (Lucas 1:35). No hay sugerencia de que Jesús sea mitad Dios y mitad hombre.

Según el teólogo Wayne Grudem: «El nacimiento de Jesús de una mujer virgen hizo posible la unión de la plena deidad y la plena humanidad en una misma persona».[4]

Jesús podría haber descendido del cielo como hombre adulto, pero eso habría significado que no sería tan fácil verlo como un ser humano igual a nosotros. O podría haber nacido de padre y madre humanos, pero entonces nos habría sido difícil verlo realmente como Dios.

En cambio, escribe Grudem: «Dios, en su sabiduría, ordenó la combinación de la influencia divina y la humana en el nacimiento de Cristo para que fuera evidente para nosotros su plena humanidad, a partir del hecho de su nacimiento humano de madre humana, y su plena deidad del hecho de su concepción en el vientre de María por medio de la potente obra del Espíritu Santo».[5]

¿Son tres dioses los de la Trinidad?

Aunque la Biblia nunca utiliza el término «Trinidad», los cristianos enseñan la doctrina de la Trinidad, es decir, del único eterno y viviente Dios que existe siempre como Dios Padre, Dios Hijo y Dios Espíritu Santo. Esto hace que algunas religiones rechacen la

Trinidad porque pareciera que los cristianos adoran a tres dioses y no a uno solo. Es cierto que Deuteronomio 6:4 establece: «Jehová nuestro Dios, Jehová uno es». Pero también es cierto que el Antiguo Testamento utiliza la forma plural elohim para la palabra «Dios» 2,346 veces.[6] (Por ejemplo, ver Génesis 1:26; 11:7.)

El Nuevo Testamento también establece claramente que «Dios es uno» (ver Gálatas 3:20) y, sin embargo, hay nuevamente abundante evidencia de que la unidad de Dios, su unicidad, involucra a tres «personas». Por ejemplo, cuando describe Mateo el bautismo de Jesús, habla de que Jesús salió del agua, los cielos se abrieron, el Espíritu de Dios descendió en forma de paloma y una voz del cielo (Dios Padre), dijo: «Este es mi Hijo amado, en quien tengo complacencia» (Ver Mateo 3:13-17).[7]

Una de las principales razones por las que muchos críticos rechazan la doctrina de la Trinidad es que iguala a Cristo con Dios Padre. La Trinidad es el blanco primordial de los críticos de religiones como el judaísmo y el Islam, y de sectas como los unitarios, los testigos de Jehová y los mormones. Todos estos grupos reducen a Cristo a un ser creado, un «segundo en jerarquía» en el mejor de los casos, o solamente un maestro más, a la par con Buda, Krishna o Moisés.

Sin embargo, ya hemos visto que Jesús se refirió a sí mismo reiteradas veces como Dios. Además, el resto del Nuevo Testamento concuerda plenamente en que el Hijo, Jesucristo, es el Dios hombre, perfectamente humano y perfectamente divino. Era una persona con dos naturalezas bien distintas y separadas. (Por ejemplo, ver Juan 1:1-4 y Filipenses 2:5-7.)

En cuanto al Espíritu Santo, las Escrituras enseñan claramente que disfruta de la misma interrelación con el Padre como la tiene Jesús. En Mateo 28:19, el Espíritu Santo se evidencia igual al Padre y al Hijo, cuando Jesús manda a los discípulos a ir y enseñar a todas las naciones «bautizándoles en el nombre del Padre, del Hijo y del Espíritu Santo».

Cuando Jesús preparaba a sus discípulos para su muerte y resurrección, les dijo que enviaría a un consolador, a quien identificó como el Espíritu Santo, el Espíritu de Verdad que viviría con ellos y estaría en ellos (ver Juan 14:15-26). También, la actividad continuada de

Jesús después de su ascensión, por medio del prometido Espíritu Santo, es el tema central de todo el libro de los Hechos.[8]

A pesar de que muchos pasajes de las Escrituras describen con claridad cómo la unidad de Dios incluye a tres Personas –Padre, Hijo y Espíritu Santo– la Trinidad sigue siendo para los cristianos uno de los conceptos más difíciles de entender y explicar a otros. Es un rompecabezas el poder entender naturalmente cómo tres personan pueden ser un mismo Dios, en lo que llamamos Trinidad. Si intentas ver a Dios tu creador en términos naturales o de criatura, entonces quieres creer que es una persona infinitamente poderosa, EL JEFE. Y si es tan gigante, una persona todopoderosa, entonces, ¿cómo es que puede ser tres personas grandes, o siquiera tres personas más pequeñas, todas al mismo tiempo?

Sin embargo, podríamos preguntar lo siguiente. *Si Dios es sobrenatural, más allá de lo natural, ¿por qué debe entenderse a Dios solamente en términos naturales?*

El creyente bíblico acepta el misterio de la grandeza de Dios, viendo que el punto en realidad es que Dios no es «el de Arriba». Como señala Wayne Grudem: «La Trinidad es un tipo de existencia muy diferente a cualquier cosa que podamos haber vivido o sentido».[9] No debe sorprendernos, entonces, que en la Trinidad haya un elemento de misterio que desafía todo entendimiento o análisis humano, porque somos solamente humanos, y Dios es Dios.[10]

¿De veras resucitó Cristo de entre los muertos?

El cristiano bíblico dice que Cristo resucitó de entre los muertos. La importancia de este evento en la fe cristiana bíblica histórica no puede sobreestimarse. No es negociable en absoluto. Los cristianos bíblicos afirman que al conquistar la muerte, Jesucristo probó que Él era Dios. Además, aseguró que todo quien creyera en Él tendrá vida eterna (ver Juan 11:25, 26), y hoy vive como mediador nuestro (ver 1 Timoteo 2:5), y nuestro sumo sacerdote (ver Hebreos 4:14-16). Para encontrar el relato de la Resurrección, ver Mateo 28:1-10; Marcos 16:1-8; Lucas 24:1-42; Juan 20 y 21.

La doctrina de la Resurrección es la piedra fundacional del cristianismo. Como escribiera Pablo: «y si Cristo no resucitó, vuestra fe es vana; aún estáis en vuestros pecados» (1 Corintios 15:17). El Dr. Wilbur M. Smith, un estudioso estadounidense muy conocido en asuntos de la Biblia, comenta en el *Baker's Dictionary of Theology* (Diccionario de teología Baker) que la doctrina de la Resurrección enseña «la singularidad absoluta y lo sobrenatural de la persona de Jesucristo, y la esperanza singular que ha traído a la humanidad... Quitemos la verdad de la resurrección del Nuevo Testamento y toda su estructura doctrinal colapsa, y desaparece la esperanza».[11]

Si la fe cristiana está en un Cristo muerto martirizado porque amenazaba al sistema religioso existente, entonces el cristiano está en el mismo barco que el musulmán, el budista y el seguidor de Confucio. Mahoma está muerto. Buda está muerto. Confucio está muerto. Sin embargo, la Biblia afirma que Cristo vive y que porque Él vive, el cristiano vivirá también, eternamente.[12]

Como la Resurrección cae dentro de la misma categoría sobrenatural en que está la Trinidad, hay muchos que dudan que Cristo de veras haya resucitado de entre los muertos. Hay quienes sostienen la teoría de que Jesús jamás murió, sino que quedó inconsciente y luego fue despertado por sus discípulos. O que es posible que las mujeres fueran a la sepultura equivocada y la encontraran vacía. Otra teoría dice que sus amigos o sus enemigos robaron el cuerpo.

Como dijo un erudito de la Biblia, ninguna de las explicaciones «usuales» puede dar cuenta del cambio total que ocurrió en los seguidores de Jesús después de que encontraran la tumba vacía. Y en cuanto a sus apariciones después de la resurrección, ante al menos 500 personas al mismo tiempo (ver 1 Corintios 15:6), fueron mucho más que una presencia espiritual o aparición. En cambio, «la historia, la teología y la experiencia se combinan para mostrar que el glorioso hecho es que Cristo sí resucitó de entre los muertos» (ver 1 Corintios 15:20, *Phillips*).[13]

Hasta ahora, hemos mirado lo que significa 1 Corintios 15:3-4, cuando dice: «Cristo murió... y resucitó». Ahora veremos que Cristo murió por un buen motivo: nuestro pecado.

CRISTO MURIÓ POR NUESTROS PECADOS

Muchas veces, la gente pregunta: «¿Quién es Cristo?», pero sienten confusión equivalente al preguntar: «¿Quiénes somos nosotros?». O quizá, más en detalle «¿Qué significa ser humano?». A continuación, presentamos respuestas bíblicas cristianas a estas preguntas.

¿Somos todos buenos, todos malos o un poco de cada cosa?

La mayoría de la gente no diría que todos somos buenos ni tampoco que somos todos malos. Prefiere la perspectiva de que somos un poco de cada cosa. Y la mayoría de nosotros preferimos pensar que somos lo suficientemente malos como para ser divertidos (es decir, gente normal, ni aburridos, ni santurrones). Pero, por supuesto, nos gusta pensar también que somos lo suficientemente buenos como para hacer lo que está bien cuando hace falta.

En muchos funerales, se oye decir por lo general: «Era un buen tipo», cuando quizá la persona hubiera detestado a su suegra, guardado rencor a un vecino por 20 años, evadido impuestos, engrosado su informe de gastos, engañado a su esposa con mujeres y blasfemado contra Dios de palabra y hecho.

La Biblia nos enseña que todo ser humano nace con un defecto esencial en su naturaleza, y ese defecto, esa mancha, es el pecado. En Efesios 2:1, Pablo nos dice: «vosotros...estabais muertos en vuestros delitos y pecados». La razón por la que estamos espiritualmente muertos es el pecado del primer hombre, Adán. Según Génesis 1:2, Adán fue creado a imagen de Dios. Era un agente moral libre. Pero por decisión propia, Adán pecó (desobedeció a Dios), y toda la raza humana quedó sumida en el pecado (ver Génesis 3 y Romanos 5:12-21 para encontrar el relato y las implicaciones de lo que comúnmente se conoce como La Caída).

¿Cómo puede ser que la desobediencia de Adán nos sumiera a todos en el pecado? Los teólogos de las principales ramas de la Iglesia Cristiana concuerdan en que Adán actuó como «cabeza federal de la raza humana».[14] Es decir, que nos representó a todos y su acción inicial de pecado tuvo consecuencias para todos, en todos los tiempos. En su carta a los romanos, Pablo lo resume diciendo: «Por tanto, como el pecado entró en el mundo por un hombre, y por el pecado la muerte, así la muerte pasó a todos los hombres, por cuanto todos pecaron» (Romanos 5:12). Como Adán era nuestro representante, Dios nos considera pecadores a todos a causa de su pecado.[15]

A simple vista, Romanos 5:12 parece injusto con todos los que vivieron con posterioridad a Adán. ¿Es así? Todos sabemos por experiencia que no cumplimos con todo lo que debiéramos hacer (o no hacer) en relación con Dios y el prójimo. Las Escrituras nos enseñan que todos descendemos de Adán, y como somos parte de la familia de Adán (la raza humana en su totalidad), todos tenemos la naturaleza de Adán: un corazón de pecado. «Engañoso es el corazón más que todas las cosas, y perverso; ¿quién lo conocerá?», dice Jeremías 17:9.

Si bien todos fuimos creados a imagen de Dios, al igual que Adán, el pecado de Adán nos llevó a un estado que los teólogos llaman «total depravación». Como señala Wayne Grudem: «Cada parte de nuestro ser está afectada por el pecado: nuestro intelecto, nuestras emociones, nuestros corazones (centro de nuestros deseos en la toma de decisiones), nuestros objetivos y motivaciones, y hasta nuestros cuerpos físicos».[16]

Sí, los no creyentes pueden estar bien en un grado humano o social. Sin embargo, las Escrituras enseñan claramente que *carecemos totalmente de bien espiritual ante Dios*. Además, en nosotros no existe la capacidad de hacer nada por nuestros propios medios para agradar a Dios o siquiera para acercarnos a Él y tener una relación. Es solamente cuando Dios se mueve hacia nosotros en su gracia y amor por medio de Jesucristo que puede vencerse nuestra total depravación. La total depravación es una condición grave, pero somos redimibles. Dios no baja los brazos. Aunque estemos muy lejos de lo que Él quiere que seamos, Él nos amó y envió a su Hijo para que muriera por nosotros (ver Juan 3:16). El acto de rebeldía de Adán nos sumió a todos en el pecado, pero el acto de obediencia de Cristo hizo que fuera posible nuestra redención (ver Romanos 4:17-21).

¿Qué es el pecado? ¿Y quién decide qué cosa es pecado y qué no lo es?

En nuestra cultura, se ha llegado a aceptar como regla general que la verdad y la moral son relativas, que no hay verdad ni moral objetiva o absoluta. Toda pregunta respecto al bien y el mal se ve como relativa a la situación, la cultura o la opinión de cada uno. Y como la opinión de una persona no puede considerarse más valiosa que la de otra, entonces cada uno tendrá que decidir qué está bien y qué está mal para cada cual. Afirmar que hay verdades absolutas respecto del bien y el mal se considera intolerante, idólatra y prejuicioso: los tres grandes «pecados» de nuestra cultura secular postmodernista.

Sin embargo, es interesante ver que quienes sostienen que «toda verdad es relativa» siempre tienen que estar abriendo juicio sobre lo que es verdad, lo que está bien, lo que es correcto. Al hacerlo, no pueden sino juzgar a quienes no concuerdan con su punto de vista. Al no tener una medida absoluta para juzgar el bien y el mal, el resultado final es el caos moral (para ver adónde nos está llevando el postmodernismo, ver el capítulo 10).

Según la Biblia, Dios nos ha mostrado claramente cómo saber lo que está objetiva y absolutamente bien o mal. Es decir, que Dios ha definido al pecado para que podamos saberlo, y lo ha hecho de dos maneras: en revelación general (la ley moral que planta en cada uno de nosotros) y la revelación especial (las Escrituras).

Pablo describe la ley de moral universal (revelación general) en Romanos 1: «Porque las cosas invisibles de él, su eterno poder y deidad, se hacen claramente visibles desde la creación del mundo, siendo entendidas por medio de las cosas hechas, de modo que no tienen excusa» (v. 20). Luego, Pablo dice que los seres humanos conocieron a Dios a través de la naturaleza y el mundo que les rodeaba, pero que ni glorificaron a Dios ni le agradecieron, que en cambio se dedicaron a la idolatría, al servir a las cosas creadas en lugar de servir al creador (ver versículos 21-25).

En cuanto a la revelación especial, las Escrituras están llenas de definiciones del pecado, y todas se reducen a la trasgresión contra las leyes de Dios o se oponen a la voluntad de Dios. En resumen, todas estas definiciones podrían afirmarse como: *el pecado es orgulloso, es rebeldía independiente en contra de Dios de forma activa o pasiva.*

Para decirlo en términos bíblicos: «Todo aquel que comete pecado, infringe también la ley; pues el pecado es infracción de la ley» (1 Juan 3:4). También: «Toda injusticia es pecado» (1 Juan 5:17).

Los ejemplos de transgresión activa en contra de las leyes de Dios o en contra de su voluntad podrían resumirse al leer los Diez Mandamientos. Porque el pecado activo incluye cosas como mentir, robar, matar o cometer adulterio. El pecado pasivo es más sutil, porque quizá no implique acción, sino actitud o pensamiento. Podemos pecar pasivamente cuando nuestros pensamientos nos llevan a la lujuria, el egoísmo, la codicia, los celos, el orgullo, la indiferencia o la falta de amor.

Jesús describe el pecado pasivo cuando dice: «y al que sabe hacer lo bueno, y no lo hace, le es pecado» (Santiago 4:17). El pecado pasivo se resume en la actitud que le dice a Dios y a los demás: «Piérdete, estás estropeando mi estilo y estoy demasiado ocupado como para dedicarte mi tiempo».

Todos pecamos pasiva o activamente. Como dice Juan: «Si decimos que no tenemos pecado, nos engañamos a nosotros mismos, y la verdad no está en nosotros» (1 Juan 1:8). Isaías define nuestra naturaleza básica de este modo: «Todos nosotros nos descarriamos como ovejas, cada cual se apartó por su camino; mas Jehová cargó en él el pecado de todos nosotros» (Isaías 53:6).

Esto de cargar con la iniquidad nuestra (la culpa de nuestro pecado) a Cristo también confunde a muchas personas. Se preguntan:

¿Cómo pudo Jesucristo morir por los pecados de todos? ¿No es que cada persona es responsable de sus actos?

Muchas religiones y sectas admiten el problema del pecado, aunque su respuesta consiste en buscar la salvación del pecado por medio de hacer buenas obras o guardar las reglas y leyes. La Biblia del cristiano nos enseña que Jesucristo nos redimió del pecado al morir en la cruz.

En ninguna parte se afirma esto con mayor claridad que en la carta del apóstol Pablo: «por cuanto todos pecaron, y están destituidos de la gloria de Dios, siendo justificados gratuitamente por su gracia, mediante la redención que es en Cristo Jesús» (Romanos 3:23-24).

La justificación por la fe es el pilar doctrinal del cristianismo bíblico. Cuando ponemos nuestra fe y confianza en el hecho de que Cristo murió para pagar la pena por nuestros pecados, somos justificados, lo cual significa que la justicia de Dios se ha visto satisfecha a través de la muerte de su hijo Jesucristo, en lugar nuestro, y que hemos sido llevados a una relación correcta con Dios. Cuando Pablo hablaba de la redención a través de Jesucristo, decía que Cristo había pagado la pena por nuestro pecado al quitar nuestra culpa.

Para ilustrar esto, supongamos que tienes que presentarte en la corte por haber violado el límite de velocidad, y que finalmente no tienes que pagar la multa porque te dicen que alguien más lo ha hecho ya, quizá tu querido y viejo Papá, o el rico Tío Carlos. Esto ilustra parcialmente lo que es la justificación, aunque Dios va un paso más allá, un paso muy grande más allá. Aunque tu multa de tránsito sigue su curso, y alguien se ocupa de pagarla, esto no altera el hecho de que eres culpable. Pero cuando como pecador te vuelves hacia Dios a través de Cristo, asombrosamente (e inexplicablemente), *también se borra tu culpa*.

Pablo sigue diciendo: «[Jesús] a quien Dios puso como propiciación por medio de la fe en su sangre» (Romanos 3:25). Cuando la Biblia habla de propiciación, tiene que ver tanto con la justicia como con el amor de Dios. Cuando Jesucristo –Dios encarnado– murió en la cruz, satisfizo el requerimiento de la santa justicia de Dios y pagó la pena por el pecado de la humanidad entera (ver Juan 3:16,17).

¿Cómo puede decir la Biblia que la muerte de Cristo en sí misma es propiciación por los pecados del mundo entero? *Porque Cristo es Dios*. Nadie menos que Dios, y nadie más podría pagar por los pecados de todos. Dios es quien establece la santa justicia, ¿quién entonces podría satisfacer sus requerimientos, sino Dios mismo?

La Biblia también nos enseña que nada podemos hacer para ganar nuestra justificación. El cristiano es salvo por gracia, por favor inmerecido de Dios, por su misericordia y amor. «Porque por gracia sois salvos por medio de la fe; y esto no de vosotros, pues es don de Dios; no por obras, para que nadie se gloríe» (Efesios 2:8-9).

Sin embargo, muchas personas tienen dificultades para aceptar la idea de que no pueden ganar el favor de Dios. En lo profundo de su ser, creen que pueden ganar la salvación siendo «buenos». También está la idea popular de que «no se puede castigar a otro por mis errores». Este tipo de pensamiento suena noble, humilde y sincero. En realidad, surge del orgullo, de no querer admitir que nadie pueda cumplir los parámetros de un Dios santo. Decir que podemos ganar nuestra salvación por nosotros mismos equivale a decir que Dios es menos que perfectamente santo, y esto equivale a decir que Dios es menos que Dios. Cristo no sólo nos ha dado la salvación al morir por nuestros pecados, sino que volverá a la Tierra para juzgar a los vivos y a los muertos (ver Juan 5:22, 27; Hechos 10:42).

CRISTO MURIÓ POR NUESTROS PECADOS SEGÚN LAS ESCRITURAS

Para los cristianos, las Escrituras son el Antiguo y el Nuevo Testamento de la Biblia. Los cristianos consideran estos escritos como base de su fe, dados por Dios.

La inspiración de la Biblia es un asunto crucial entre el cristianismo y las otras religiones. Si no podemos confiar en que la Biblia es palabra de Dios, inspirada por Dios, entonces su afirmación respecto de la deidad de Cristo, nuestro estado de pecado y necesidad de salvación por medio de la fe en la muerte y resurrección de Cristo no tienen sustento ni fuerza alguna. El cristiano bíblico reconoce al Antiguo Testamento y el Nuevo Testamento como únicas palabras que provienen de Dios mismo, autoridad suprema de la fe y la práctica. Para el cristiano bíblico, todo reclamo de autoridad ha de juzgarse según las Escrituras. A continuación, están las respuestas a algunas de las preguntas más comunes respecto de las Escrituras.

¿Es en realidad la Biblia «inspiración de Dios»? ¿Por qué se supone que sea superior a otros libros?

El versículo favorito para afirmar la superioridad de la Biblia con respecto a otros libros es 2 Timoteo 3:16. La traducción más familiar de este versículo dice: «Toda la Escritura es inspirada por Dios». En otras palabras, Dios el Espíritu Santo guió o actuó sobre la mente de los autores de las Escrituras, y les reveló lo que Él quería que escribieran (ver también 2 Pedro 1:21).

Al leer las páginas de las Escrituras, en particular el Nuevo Testamento, hay un inequívoco tono de autoridad y exactitud. Esto es porque fue escrito por testigos presenciales o por personas muy cercanas a quienes conocían a Jesús y convivieron con Él. No es de sorprender que J. B. Phillips, el talentoso traductor del Nuevo Testamento, dijera una y otra vez que se sentía «un poco como un electricista que reemplaza los cables en una casa antigua sin poder 'cortar el suministro de electricidad'».[17]

¿Cómo pueden probar los cristianos la exactitud e inspiración de la Biblia?

Como hemos visto ya, ante todo está la afirmación de la misma Biblia acerca de que es Palabra de Dios, inspirada por Dios. Pero ¿puede el cristiano bíblico probar esta afirmación? Hay mucha evidencia histórica y científica acerca de la validez de la Biblia, además de la evidencia a través de las profecías cumplidas. El Antiguo Testamento contiene más de 300 referencias al Mesías, cumplidas en Jesucristo. Los cálculos efectuados mediante las reglas de probabilidades en sólo ocho de estas profecías muestran las posibilidades de que alguien pudiera haber cumplido las ocho, y el resultado es de diez a la diecisieteava potencia o de una en 100 mil trillones.[18]

En cuanto a la evidencia científica, los arqueólogos han probado una y otra vez la exactitud de los relatos de las Escrituras, los nombres de las personas, los lugares y las fechas. Nelson Glueck, un eminente arqueólogo judío, ha afirmado categóricamente que «ningún descubrimiento arqueológico ha contradicho jamás una referencia bíblica».[19] William F. Albright, reconocido como uno de los más grandes arqueólogos, dio testimonio de que no hay duda de que la arqueología «ha confirmado la condición y sustancia histórica de la tradición del Antiguo Testamento».[20]

Otra prueba de evidencia de la inspiración de la Biblia es su consistencia, su condición como unidad. La Biblia fue escrita por 40 autores, a lo largo de 1,600 años. La mayoría de estos escritores no se conocieron entre sí. Cuando J. B. Phillips comenzó a trabajar en su *New Testament in Modern English* [Nuevo Testamento en Inglés Moderno], no estaba predispuesto a considerar la Biblia como inspirada verbalmente (es decir, que las palabras hubieran sido dadas por Dios). Sin embargo, a medida que avanzaba en su trabajo, Phillips se sintió cada vez más impactado y asombrado ante la unidad y coherencia que existe a lo largo de los libros de la Biblia. Dijo, «De maneras diferentes, con sus estilos individuales, estos escritores hablaban todos de lo mismo, con una certeza tal que hacía que el corazón moderno sintiera una maravillosa envidia».[21]

¿Cómo se formó el canon de los libros de la Biblia?

En la Primera Iglesia, la autoría apostólica (o al menos la relación cercana con un apóstol reconocido) era uno de los criterios principales para decidir qué libros se incluirían en el canon del Nuevo Testamento («grupo de libros con autoridad»). Los apóstoles eran hombres que habían servido y vivido con Cristo. De hecho, lo habían conocido o sentido de manera única, como sucedió cuando Pablo se convirtió en el camino a Damasco. Los apóstoles sufrieron increíble persecución; la mayoría, si no todos, sufrieron muertes horribles por la causa cristiana. La única explicación plausible para tal celo era que hubiesen visto, hablado o comido de veras con el Señor Jesucristo resucitado. Si Cristo no hubiera resucitado y aparecido ante los apóstoles, sería inconcebible que hubieran estado dispuestos a morir por una mentira.

Aún más potentes que las afirmaciones de quienes escribieron los distintos libros de la Biblia, es el testimonio de Jesucristo mismo en cuanto a la inspiración y autoridad de las Escrituras.

Los cristianos creen que Cristo es Dios encarnado (hecho hombre). La afirmación más importante en cuanto a la inspiración de la Biblia es lo que Cristo mismo dijo sobre las Escrituras (el Antiguo Testamento en ese momento, porque el Nuevo Testamento aún no se había escrito). Jesús creía que las Escrituras eran sagradas, por eso dijo: «la Escritura no puede ser quebrantada» (Juan 10:35). En los días y semanas finales antes de ir a la cruz, Jesús mencionó lo que tenía que hacer para que se cumplieran las Escrituras (ver Lucas 18:31; Mateo 26:54).[22]

Decir que las Escrituras no son inspiradas por Dios es afirmar que Jesús estaba equivocado o mentía. Y si fuera así, Jesús sería menos que Dios. Y si es menos que Dios, su obra de propiciación en la cruz no es suficiente.

A lo largo de la historia, se ha atacado a la Biblia muchas veces, al decir que no es exacta ni inspirada por Dios. Sin embargo, la Biblia sigue firme, perdura. Los críticos quizá rechacen o estén en desacuerdo con las Escrituras, pero no pueden probar de manera contundente que la Biblia no es lo que afirma ser: Palabra de Dios, inspirada por Dios. Como dijo el salmista: «Para siempre, oh Jehová, permanece tu palabra en los cielos» (Salmo 119:89).

¿Está en lo cierto el cristianismo bíblico?

Sostener una perspectiva bíblica basada en la verdad absoluta de las Escrituras suena a que los cristianos creen tener toda la verdad. Los cristianos no afirman poseer toda la verdad porque solamente Dios conoce perfecta y exhaustivamente toda la verdad. En el mejor de los casos, podemos conocer la verdad sólo parcialmente, como enseña con claridad 1 Corintios 13:12. Tampoco afirman los cristianos que no haya verdad alguna en religiones no cristianas o en otras perspectivas. Hay muchas verdades comunes a todas las personas. Tampoco afirman los cristianos que solamente ellos son inmunes a la ceguera cultural o a otros errores. La necedad y los errores son un problema humano común también para los cristianos.

Este capítulo se basa en 1 Corintios 15:3,4, que se centra en la persona y la obra de Cristo, la naturaleza del hombre y la inspiración de las Escrituras. Obviamente, hay muchas otras doctrinas en la fe cristiana, pero haremos de estas tres áreas principales nuestra plomada, a medida estudiemos otras religiones en este libro.

Debemos admitir que la plomada se basa en una perspectiva protestante, evangélica y conservadora. Y que no todos los cuerpos cristianos estarán de acuerdo con cada uno de los puntos, en particular los católicos romanos y los ortodoxos, que creen que la Tradición es tan importante como las Escrituras. Veremos más de esto luego, pero por ahora seguiremos sobre la presunción de que los cristianos bíblicos de todos los puntos de la brújula teológica pueden concordar con las palabras de Pablo en 1 Corintios 15:3,4:

«Porque primeramente os he enseñado lo que asimismo recibí: Que Cristo murió por nuestros pecados, conforme a las Escrituras».

Estos versículos son la piedra fundamental para el cristiano que quiere ser bíblico. Los cristianos bíblicos creen que Cristo es Dios y que murió por nuestros pecados. Los cristianos bíblicos creen que por naturaleza son pecadores, están espiritualmente muertos y que su única esperanza de salvación del pecado es la fe en la muerte y resurrección de Cristo. Los cristianos bíblicos creen que tienen una Biblia inspirada por el Dios viviente, y que la Biblia es la única regla infalible de la fe y la práctica.

Para poder trazar comparaciones inteligentes con otras religiones, los cristianos deben saber qué es lo que su propia fe enseña, lo que dice su Biblia. Estas enseñanzas no deben ser revisadas, suavizadas ni desmitificadas. El cristianismo bíblico se apoya en la fe y la seguridad de la evidencia «que ha sido una vez dada a los santos» (Judas 3). Solamente Dios puede brindar fe que salva, y esto sucede solamente cuando estamos abiertos a lo que Dios tiene para decir. En las palabras de Pablo de 1 Corintios 12:3 dice: «nadie puede llamar a Jesús Señor, sino por el Espíritu Santo».

¿Por qué está tan fraccionada la cristiandad?

A lo largo de la historia de la Iglesia –desde el año 30 d. C. hasta el presente– las verdades bíblicas que mencionamos en este capítulo han sido negadas y desafiadas por todo tipo de grupos, a veces dentro de la Iglesia, y otras fuera de ella. La historia de cómo enfrentó la Iglesia todo tipo de cosas, desde la herejía a las guerras santas, es inspiradora y entristecedora a la vez. Desde el comienzo mismo los cristianos han peleado una batalla por creer la fe que una vez les fue dada a los santos.

En el siglo primero, los apóstoles de Cristo fundaron la Iglesia, la cual rápidamente se extendió desde Jerusalén hacia el mundo mediterráneo, a pesar de la persecución de parte de (1) los judíos que no aceptaban a Cristo como el Mesías, y (2) del gobierno romano que consideraba a los cristianos fuera de la ley porque insistían en que Jesús, y no el César, era el Señor.

Muchos cristianos fueron martirizados, aunque su sangre se convirtió en la semilla que esparcía aún más a la Iglesia. Sin embargo, a medida que la Iglesia crecía, surgió una amenaza aún mayor desde sus rangos, bajo la forma de herejía, en particular del gnosticismo que amenazaba con corromper y torcer el evangelio para convertirlo en una religión o filosofía pagana más entre tantas otras ya existentes. La Iglesia peleó contra esta amenaza con fuerza, particularmente a través del trabajo de hombres llamados apologistas, quienes escribían y hablaban en defensa de la verdad.

Para el siglo dos, la Iglesia fundada por los apóstoles ya era la Iglesia Católica (universal); y hacia el siglo cuatro la persecución de los cristianos terminó gracias a Constantino, quien llegó a ser emperador del Imperio Romano occidental luego de ganar una batalla en la que sintió que Cristo le había ayudado especialmente. Pronto, el cristianismo se convirtió en la religión predominante del impero romano, y en la iglesia finalmente hubo cinco patriarcados: cuatro en el este (Constantinopla, Jerusalén, Alejandría y Cesárea) y Roma en el oeste. La distancia, los diferentes idiomas y culturas, y las religiones teológicas en conflicto eran todas razones de serios desacuerdos entre el este y el oeste; pero la causa principal de la división fue la insistencia continua de la iglesia de Roma de obtener el poder supremo y la autoridad sobre toda la cristiandad. La división llegó a un punto culminante en 1054, cuando una gran brecha dio lugar a la Iglesia Católica Romana en el oeste, y la Iglesia Ortodoxa en el este. Luego de esta división, la Iglesia Católica Romana adquirió aún más poder y continuó agregando doctrinas que no se hallaban en las Escrituras. Además, la Iglesia Romana fue cada vez más corrupta, lo cual llevó eventualmente a la reforma protestante, iniciada por un monje católico llamado Martín Lutero. Inicialmente, Lutero quería reformar la Iglesia Romana, al hacer que la Biblia fuera la autoridad única y suprema, pero los líderes de la iglesia, sobre todo el papa, rechazaron sus opiniones y lo echaron.

La reforma se extendió por el resto de Europa, y quienes protestaban contra las enseñanzas de Roma fueron reconocidos como una nueva forma de cristianismo llamada Protestantismo. De una Iglesia Cristiana entonces surgieron tres brazos o troncos principales: católico romano, ortodoxo oriental y protestante, que luego fueron a su vez dividiéndose en distintas denominaciones.

PARTE DOS

LAS PRINCIPALES RELIGIONES DEL MUNDO

CAPÍTULO 2

EL JUDAÍSMO

CIMIENTO DE LA FE CRISTIANA, PERO AÚN ESPERAN AL MESÍAS

¿Qué es lo que hace que una persona sea judía? ¿Es el judaísmo una nacionalidad, una religión o ambas cosas a la vez? ¿Qué podemos decirles a nuestros amigos judíos sobre Jesucristo, nacido judío, pero rechazado por muchos en su propio pueblo? (Ver Juan 1:11). Estas son algunas de las cosas que suele preguntar la gente sobre aquellos que siguen una de las religiones más antiguas del mundo.

Para comenzar, el pueblo judío desciende de los antiguos hebreos. Este nombre proviene de Eber, su ancestro histórico mencionado en Génesis 10:21) Podemos ir aún más atrás, al nombre de Sem, hijo de Noé (mencionado en el mismo versículo). De Sem, proviene el término «semita», que se refiere a un conjunto de pueblos que incluye tanto a los judíos como a los árabes.[1]

La historia del pueblo judío está contenida en el Antiguo Testamento, las únicas Escrituras reconocidas por el pueblo judío.

La Torá es de particular importancia, pues es la Ley contenida en los primeros cinco libros del Antiguo Testamento.

Para el judaísmo, otra parte importante del Antiguo Testamento son los escritos de los profetas. Estos voceros de Dios destacaban la importancia de la justicia y el amor, muy por encima del ritualismo vacío de guardar la reglamentación externa de la Ley, y fallaban en su intención (ver Miqueas 6:8). Esforzarse por una conducta decente (exhibiendo justicia y amor) sigue siendo algo básico en el pensamiento judío. No es coincidencia que muchas organizaciones de caridad estén guiadas y auspiciadas por personas judías. Desde la destrucción de Jerusalén y el Templo a manos de los romanos en el año 70 d. C., los judíos no han tenido un lugar donde puedan ofrecer sacrificios por sus pecados como lo requiere la Ley de Moisés (ver Deuteronomio 12). Después de esta terrible pérdida, se esparcieron hacia casi todas las naciones del mundo, donde establecieron comunidades y construyeron sinagogas para mantener viva su fe.

El pueblo judío ha sido perseguido muchas veces, la peor de todas fue por los nazis, quienes mataron a 6 millones de judíos en el holocausto. En 1948, el estado de Israel se creó como hogar y tierra de los judíos que inmigraban desde todos los rincones del mundo. En 1967, los israelíes capturaron Jerusalén en su totalidad, por primera vez como pueblo libre desde el año 586 a. C.

COSTUMBRES Y LEYES JUDÍAS

El judaísmo, como religión, existe hoy en cuatro formas distintas: ortodoxo, conservador, reformista y mesiánico. Veremos las tres primeras y dejaremos los judíos mesiánicos —los que creen que Jesús es el Mesías, pero conservan las costumbres judías— para más adelante.

Los judíos ortodoxos intentan seguir al pie de la letra la Ley. Con cuidado, estudian la Torá (Ley o enseñanzas) escritas por Moisés. La Torá, que significa «enseñanza y dirección», denota el cuerpo de la doctrina oral y escrita que ha sido pasada de generación en generación en la comunidad judía.[2]

Los judíos ortodoxos no solamente se esfuerzan por obedecer la Biblia hebrea (lo que los cristianos llaman el Antiguo Testamento), sino que observan además otras enseñanzas de famosos rabinos que se han agregado con los siglos. Algunas de estas enseñanzas se escribieron en el año 200 d. C. en un libro llamado *Mishnah*. Tiene unas 1,000 páginas, y consiste casi todo en instrucciones para la vida cotidiana, conocidas como *Halakah* o «el camino a seguir».

Cerca del año 500 d. C., se compiló otro volumen de enseñanzas judías llamado el Talmud. El Talmud tiene unos 36 volúmenes. Se basa en el Mishnah, pero con mucho más material añadido, en especial algunos relatos famosos llamados *Haggadah*.

Estos tres libros –la Torá, el Mishnah y el Talmud– gobiernan cada faceta de la vida del judío ortodoxo.

Veamos, por ejemplo, las leyes alimenticias. La Ley de Moisés prohíbe el cerdo o los mariscos (ver Levítico 11:7,10). También indica como prohibición: «no guisarás el cabrito en la leche de su madre» (Éxodo 23:19). Como resultado, los judíos ortodoxos no comen carne y lácteos al mismo tiempo, y hasta usan platos separados para la carne y los lácteos. Además, como la Ley prohíbe que se consuma grasa o sangre (ver Levítico 3:17), los animales son faenados de manera muy específica para que quede poca sangre en la carne.

Otro ejemplo es la ley del sábado. La Ley de Moisés indica que hay que descansar el séptimo día, el sábado, día de adoración a Dios (ver Éxodo 20:8-11). Los judíos ortodoxos no trabajan ni viajan, no usan el teléfono, no escriben ni tocan dinero ni posan para fotografías el día sábado.

Los judíos conservadores tienen una interpretación más flexible de la Torá, pero sí creen que la Ley es de vital importancia. Los conservadores también quieren preservar el idioma hebreo y las tradiciones del judaísmo.

Los judíos reformados se han alejado un poco de la ortodoxia. Enseñan que los principios del judaísmo son más importantes que las prácticas, por lo que la mayoría de los judíos reformados no observan las leyes alimenticias ni otras como las que indican lo que el judío debe o no hacer el día sábado.

Sin embargo, tanto los ortodoxos, los conservadores y los reformados concuerdan en lo siguiente: el sábado y los días santos han de observarse. Y tienen un antiguo dicho: «El sábado guardó a Israel más de lo que Israel guardó el sábado».

Para los judíos, el sábado comienza al atardecer de la noche del viernes, y continúa hasta el atardecer del sábado. En los hogares judíos devotos al caer el sol el día viernes, la mujer de la casa con su familia reunida encenderá las tradicionales velas y dará la antigua bendición: «Bendito eres, Señor y Dios nuestro, Rey del universo, que nos has santificado con tus leyes y ordenado encender la luz del sábado». Entonces, el padre bendice el vino, todos beben un sorbo, y luego corta el pan *challah* del sábado.

Después de comer el día sábado, las familias conservadoras y reformistas irán a la sinagoga. El servicio principal de los ortodoxos es el sábado por la mañana, y tanto ellos como casi todos los conservadores también asistirán a otro servicio por la tarde.

Los Días Sagrados del judaísmo son el Rosh Hashanah, que es el Año Nuevo judío, celebrado en septiembre u octubre, y el Yom Kippur, día del Perdón, unos diez días después del año nuevo. Durante este período de diez días, los judíos participan del arrepentimiento y el examen de su alma.

Otra fecha importante es la Pascua. Por lo general, coincide o es cercana a la Pascua cristiana. La pascua en el hogar judío comienza con una pregunta de parte del niño más pequeño: «¿Por qué es distinta esta noche de todas las demás?». Y un miembro mayor de la familia responde: «Éramos esclavos del faraón en Egipto. Si Dios no hubiera liberado a nuestros ancestros, «con poderosa mano y brazo extendido», seguiríamos siendo esclavos. Por eso, esta noche es diferente».[3] Así comienza el antiguo ritual y celebración que incluye oraciones, comida especial y juegos para los niños.

Los cristianos comparten muchas de las tradiciones del pueblo judío. Para empezar, compartimos el Antiguo Testamento y sus enseñanzas. Creemos en el mismo Dios, un Dios de santidad, justicia, pureza, rectitud y unidad. Ambas religiones proclaman: «Jehová nuestro Dios, Jehová uno es. Y amarás a Jehová tu Dios de

todo tu corazón, y de toda tu alma, y con todas tus fuerzas»
(Deuteronomio 6:4-5).

Las enseñanzas morales y éticas de la Biblia forman parte del
legado judío y cristiano. Ambos aceptan la Ley dada por el Dios
viviente que creó el mundo y sigue siendo el Señor de la creación.

Hay muchas semejanzas más entre el judaísmo y el cristianismo: la necesidad de adorar a Dios, la importancia de la familia, la
obligación de amar al prójimo. Muchos judíos aceptan a Jesús como
gran profeta, y encuentran que sus enseñanzas eran buenas, pero
eso es todo lo que creen de Él.

JESUCRISTO: LA GRAN LÍNEA DIVISORIA

Es en Jesucristo y las preguntas referidas a Él que se dividen los judíos y los cristianos en general: ¿quién era este hombre? Esta división
comenzó cuando Jesús estaba en la tierra. Los judíos de esa época
estaban esperando un Mesías (literalmente «El Ungido»), del que
hablan los profetas del Antiguo Testamento, como quien vendría a
redimir a su pueblo de sus pecados (ver Hebreos 2:16-17).

Pero, en la época de Jesús, el judaísmo estaba dividido en varias
sectas que competían entre sí. Algunos, incluyendo a muchos de los
fariseos, se habían vuelto demasiado atados a las tradiciones, al
enfocarse en cumplir externamente las leyes judías, pero sin la actitud de corazón adecuada. Otros, los zelotes, buscaban refugio en
comunidades ascéticas del desierto. Y otros, los saduceos, habían
vaciado al judaísmo de lo sobrenatural al punto de que no se dife-
renciaba mucho de la filosofía griega. Los zelotes esperaban además
a un libertador nacional, un rey guerrero como David o Judas
Macabeo, que echara a los detestados romanos de su tierra y restau-
rara a Israel a su antigua gloria. Cuando vemos esto, es fácil reconocer por qué tantos se sintieron decepcionados ante el humilde
Varón de Galilea.

Sin embargo, Jesús afirmaba ser el Mesías, el Hijo de Dios.
Junto a un pozo en Samaria, habló con una mujer y le explicó cómo

podría satisfacer su sed espiritual. Y hasta esa pecadora sabía que el Mesías vendría. Jesús le respondió que Él era quien había sido prometido. Ella creyó y fue salva (ver Juan 4:7-26; 39-42).

El Nuevo Testamento contiene muchas otras referencias sobre Jesús como Mesías o Cristo (ver Mateo 16:16; 26:63-65; Lucas 24:26; Juan 8:28). Los cristianos ven que en la vida terrenal de Jesús se cumplieron muchas de las profecías mesiánicas del Antiguo Testamento. Jesús explícitamente afirmó ser el Mesías (ver Juan 4:25-26). Para los cristianos, algunas de las profecías que prueban que la afirmación de Jesús era cierta incluyen Miqueas 5:1-3 (el Mesías nacerá en Belén; ver Mateo 2:3-5); Isaías 7:14 (una virgen tendrá un hijo y se llamará Emmanuel; ver Mateo 1:23); Zacarías 9:9 (el rey vendrá montado sobre un asno; ver pasaje del Domingo de Ramos en Mateo 21:4-5).

EL «SIERVO SUFRIENTE» DE ISAÍAS 53

Quizá el más importante de estos pasajes proféticos está en el libro de Isaías. Comenzando en el capítulo 49, Isaías describe al «siervo» de Dios, el Rey Mesías, quien sufrirá para redimir a su pueblo del pecado y para llevar a Israel al Señor (ver v. 5-26).

Isaías abre el capítulo 53 prediciendo que este siervo será despreciado, desechado, varón de dolores experimentado en quebranto y menospreciado (ver v. 3). Estas palabras describen perfectamente a Jesús, quien vino a redimir al mundo, pero fue rechazado, especialmente por su propio pueblo (ver Juan 1:10-12).

Isaías también describe el ministerio redentor del Mesías. El Mesías sufriría el castigo por las trasgresiones de la humanidad (ver Isaías 53:4-6). Pedro nos recuerda que el Mesías murió por toda la humanidad y que su sufrimiento nos trae la salvación (ver 1 Pedro 2:24,25).

Finalmente, Isaías describe cómo moriría el Mesías. En los Evangelios encontramos que Jesús cumple con cada uno de los detalles de esta profecía (comparar Isaías 53:7-9 con Mateo 27:57-60 y Lucas 23:32-33).

El Antiguo Testamento también profetizaba la triunfante resurrección del Mesías: «Porque no dejarás mi alma en el Seol, ni permitirás que tu santo vea corrupción» (Salmo 16:10). Después de la resurrección de Jesús, Pedro citó esta profecía en el primer sermón de la Primera Iglesia (ver Hechos 2:27-31). Muchas personas habían visto al Jesús resucitado. Sabían que la profecía se había cumplido. Recordaban que Jesús había dicho después de su resurrección:

> Estas son las palabras que os hablé, estando aún con vosotros: que era necesario que se cumpliese todo lo que está escrito de mí en la ley de Moisés, en los profetas y en los salmos... y les dijo: Así está escrito, y así fue necesario que el Cristo padeciese, y resucitase de los muertos al tercer día; que se predicase en su nombre el arrepentimiento y el perdón de pecados en todas las naciones, comenzando desde Jerusalén.
>
> LUCAS 24:44, 46, 47

Entonces, ¿cuál es la diferencia entre el cristianismo y el judaísmo? Esta pregunta da lugar a otra pregunta: ¿Era Jesús el Mesías, como afirmaba ser o era un impostor? Las discusiones no aclararán esto. Cada uno de nosotros (judío o gentil) tendremos que mirar a Jesús detenidamente y encontrar la respuesta por nosotros mismos.

JUDÍOS MESIÁNICOS QUE ROMPEN EL MOLDE

El judaísmo mesiánico es un movimiento que ganó mayor fuerza durante las últimas décadas del siglo XX. Los judíos mesiánicos de todas las extracciones, creen que Yeshúa (nombre hebreo para Jesús) es el Mesías judío prometido, el Salvador de Israel y del mundo.

Durante más de 1,200 años, las comunidades judía y cristiana supusieron que una persona judía simplemente no podría creer en Jesús y seguir siendo judío. Si el judío creía en Jesús, la comunidad cristiana esperaba que dejara la comunidad judía y se uniera a una iglesia gentil. La comunidad judía determinaba que quien creyera en Jesús había traicionado a su comunidad al unirse a la religión gentil del cristianismo. No era posible imaginar sinagogas judías llenas de judíos que aceptaran a Jesús como el Mesías.

A pesar de estas barreras culturales a lo largo de la historia de la Iglesia, siempre ha habido judíos que llegaron a creer en Jesús como su Señor y Salvador. Pero algo realmente imprevisto y nuevo se inició en 1967. Al finalizar la Guerra de los Seis Días, Jerusalén volvió a manos judías después de casi 2,000 años de dominación gentil. Decenas de miles de judíos de repente aceptaron a Yeshúa como su Mesías. Citando la profecía bíblica (ver Deuteronomio 30:12-3; Oseas 3:4-5; Joel 2:28-29; Lucas 21:24), algunos líderes mesiánicos sugieren que el movimiento de judíos que aceptan a Jesús como Mesías y forman sinagogas mesiánicas sería un importante logro e indicaría el fin de la restauración de Israel como nación.[4]

Hoy se calcula que hay unas 350 congregaciones judías mesiánicas en el mundo, y decenas de ellas están en Israel. Más judíos han puesto su confianza en Jesús como su Mesías en los últimos veinte años que en los últimos veinte siglos.[5]

Estas congregaciones mesiánicas adoran a Yeshúa y dan la bienvenida a gentiles, aunque mantienen las tradiciones judías en cuanto a formas de celebrar adoración, fiestas, festivales, canciones, costumbres y hasta su humor. Les gusta recordar a los gentiles y judíos sobre los orígenes judíos del cristianismo en el siglo primero, y que después de todo, según el Nuevo Testamento, creer en Jesús es algo muy propio de los judíos.

Los cristianos gentiles han de regocijarse en el movimiento judío mesiánico como posible indicador del regreso de Jesús a la tierra y (no menos importante) como oportunidad de poner en práctica lo que tenían en mente los apóstoles en Hechos 15 y lo que el apóstol Pablo tenía en mente en Efesios 2. Estos dos pasajes hablan de una Iglesia en donde se han derrumbado las barreras de la hostilidad religiosa y cultural entre los gentiles y judíos, por medio de la sangre del Mesías, testigo ante toda la tierra de que Yeshúa es el Señor. Como el Mesías de la profecía, él está dispuesto a recibir a todos los que crean en Él: «Porque no hay diferencia entre judío y griego, pues el mismo que es Señor de todos, es rico para con todos los que le invocan» (Romanos 10:12).

RESUMEN DE LAS MAYORES DIFERENCIAS ENTRE LOS CRISTIANOS Y LOS JUDÍOS (EXCLUYENDO A LOS JUDÍOS MESIÁNICOS)

En cuanto a Dios: Los judíos creen que el Señor Dios es uno (ver Deuteronomio 6:4); los cristianos creen que hay una esencia de deidad en la que residen tres personas: Padre, Hijo y Espíritu Santo, análogos y eternos como Dios (ver Mateo 3:13-17); 28:19; 2 Corintios 13:14).

En cuanto a Jesucristo: Algunos judíos pueden aceptar a Jesús como buen maestro y aun como profeta, pero lo rechazan como Mesías porque Él afirmó ser divino y no logró liberar a Israel de la presión; los cristianos responden que Jesús es Dios y hombre al mismo tiempo, y que murió para redimir a toda la humanidad del pecado (ver Marcos 10:45; Juan 1:13-14; 1 Pedro 2:24).

En cuanto al pecado: Los judíos creen que el ser humano no nace bueno o malo, sino libre para elegir entre ambas cosas. Los cristianos enseñan que todos nacemos en pecado y no cumplimos con los parámetros de Dios (ver Romanos 3:10,23; 5:12).

En cuanto a la salvación: Los judíos creen que todos, judíos o gentiles, pueden ganar la salvación a través del compromiso con el único y verdadero Dios y a través de la vida moral. Los cristianos, en cambio, sostienen que el hombre es salvo por medio de la fe en la muerte de propiciación de Cristo en la cruz (ver Romanos 3.24; Efesios 2:8-9).

CAPÍTULO 3

EL ISLAMISMO

ALÁ ES UNO, Y CRISTO ERA SOLAMENTE UN PROFETA

Aquí van algunas preguntas para uno de esos programas de concursos en televisión. ¿Qué religión importante...

- ha ganado miles de conversos en Estados Unidos, incluyendo a muchos atletas profesionales?
- es la más joven entre las principales religiones del mundo, y aún así una de las más grandes?
- tiene tal mentalidad misionera que busca convertir a los países de occidente, y no solamente a los de África y Asia?

La respuesta a todas estas preguntas es: el islamismo. Esta es una religión que afirma tener casi mil millones de seguidores en todos los países del mundo. El islamismo se originó en lo que hoy es Arabia Saudita, y desde allí se expandió por las rutas comerciales hacia África y Asia. El país con la mayor cantidad de musulmanes es Indonesia, con 120 millones. Además, hay millones de musulmanes en Europa occidental y oriental y en las Américas. Uno de cada seis seres humanos sobre la faz de la tierra acogen la fe del Islam.[1]

Islamismo es el nombre correcto para la religión que suele llamarse incorrectamente como mahometanismo. La palabra «Islam» significa «sumisión» (a Alá, el dios de Mahoma, el hombre que fundó esta religión). Un creyente en la religión de Mahoma es musulmán, que significa «quien vive su vida según la voluntad de Dios».[2]

CÓMO MAHOMA LLEGÓ A SER PROFETA

Nacido en Arabia, en la ciudad de La Meca en el año 570 d. C., Mahoma provenía de una familia prominente y muy respetada. Su padre murió unos días antes de que el niño naciera, y su mamá falleció cuando éste tenía seis años de edad. El abuelo de Mahoma lo llevó a su hogar, pero murió cuando su nieto tenía nueve años. Entonces, fue a vivir a la casa de Abu Talid, su tío, donde pastoreó ovejas. Mientras crecía, Mahoma se dedicó al comercio de ganado y acompañaba a su tío en sus viajes a Siria y Persia.

Los eruditos creen que –en sus viajes– Mahoma desarrolló sus conceptos de monoteísmo de diversas fuentes, incluyendo los monofisitas, que creían que Cristo tenía solamente una naturaleza divina, y los nestorianos, que dividían al Cristo Encarnado en dos naturalezas separadas, divina y humana, en una misma persona (negando que el hombre Jesús de Nazaret era plenamente humano y plenamente Dios a la vez). Además, se cree que absorbió muchas enseñanzas de los judíos que lo acercaban al Talmud.

Como resultado, es poco probable que las oportunidades de Mahoma para aprender sobre «el único y verdadero Dios» provinieran mayormente de quien realmente entendiera la Biblia. Hasta un escritor musulmán como Caesar Farah admite que la narración de Mahoma de los eventos de las escrituras muestra que «no podría haber tenido... conocimiento académico de los sagrados textos».[3]

No es de extrañar entonces que las ideas teológicas de Mahoma tuvieran fallas que luego expresó al desarrollar el Qur'an (también llamado Corán).[4]

Como joven dedicado al comercio, Mahoma atrajo la atención de su patrona, una viuda adinerada llamada Khadija. Aunque ella tenía ya 40 años y él 25, se casaron, vivieron juntos muy felices y tuvieron varios hijos. Después de su matrimonio, Mahoma pasó gran parte de su tiempo durante los siguientes 15 años en meditación solitaria. A los 40 años, recibió su primera revelación mientras estaba en contemplación en una cueva del Monte Hira cerca de La Meca. Según Mahoma, el arcángel Gabriel vino a él durante un sueño y le trajo esta orden de Dios:

> Lee en el nombre de tu Señor quien creó, quien creó al hombre de la sangre coagulada ¡Lee! Tu Señor es el más benefactor, quien enseñó con la pluma, enseñó a los hombres lo que no sabían.[5]

De este mandamiento a «leer» viene el nombre del libro sagrado del Islam, el Qur'an, que significa «recitación» o «lectura». Porque Mahoma no sabía leer ni escribir, el Qur'an es su recitación de las revelaciones que le fueron dadas.

Después de recibir su primera revelación, Mahoma se sintió profundamente perturbado, y le dijo a su esposa que quizá estuvo poseído por Jinns, seres sobrenaturales que –según el folclore árabe– podían tomar forma humana o animal e influir en los asuntos humanos. Pero Khadija le aseguró que sus palabras eran verdaderas, y también su primo Waraqua Ibn Nawfal, que conocía un poco los conceptos monoteístas del judaísmo y el cristianismo. Fue por insistencia de Waraqua y Khadija que Mahoma comenzó a predicar nuevamente en las calles y los mercados de La Meca.[6] Mahoma nunca afirmó ser divino, pero insistía que Alá le había llamado a ser profeta.

Mahoma odiaba la idolatría y la inmoralidad de los árabes que vivían en La Meca o que acudían allí a comerciar. Los ricos dominaban a los pobres. En todas partes, reinaba la codicia y el egoísmo y, entre las tribus beduinas, se practicaba el infanticidio.[7] Debió enfrentar amarga oposición, pero durante muchos años su tío, quien era persona influyente, logró protegerlo.

Luego, el tío de Khadija y el de Mahoma murieron en el año 620 d. C., y hubo diversos complots para matar a Mahoma y sus seguidores. Finalmente, el 16 de julio de 622, Mahoma se vio obligado a escapar a Yathrib, una ciudad más amigable, que estaba al norte. Esta huida, conocida como hégira, marca el comienzo del calendario islámico. Los años se cuentan desde «A.H.», es decir «el Año de la Hégira». Yathrib luego se llamó Madinat an Nabi (Ciudad del Profeta) en honor a Mahoma, aunque se la llama comúnmente Medina. Mahoma se convirtió en el líder religioso y político de la ciudad.

Pronto, los habitantes de La Meca organizaron un ejército para destruir a Mahoma y sus seguidores. La lucha terminó en el año 630, y triunfaron las fuerzas islámicas. Mahoma entró en La Meca y destruyó todos los ídolos del Kaaba, o templo principal, a excepción de la Piedra Negra, un meteorito sagrado que se mantenía en el santuario. Mahoma declaró que la Kaaba era el santuario más sagrado del islam. Y, desde entonces, ha sido el punto hacia donde todos los musulmanes devotos dirigen sus oraciones.

Durante los dos años subsiguientes, Mahoma fortaleció su posición como profeta y líder de Arabia. Unió a las tribus en un vasto ejército para conquistar al mundo por Alá. Su muerte, en 632, no disminuyó el fervor de sus seguidores. Estos llevaron su fe a Asia, África y hasta Europa; y hoy el crecimiento del islam ha aumentado sin pausa, hasta llegar a casi mil millones de fieles en todo el mundo.

LAS ENSEÑANZAS DEL ISLAM

El Qur'an (Corán) es la sagrada escritura del islam. Su extensión equivale casi a cuatro quintos del Nuevo Testamento, e incluye 114 surahs o capítulos. Aunque todas las ideas se acreditan a Dios, Mahoma dictó partes del Qur'an, en tanto el resto provino de los escritos de discípulos que recordaban sus enseñanzas verbales después de su muerte.[8]

Gran parte del Qur'an salta de lugar en lugar y de momento en momento, sin una unidad de narrativa. Sin embargo, los musulmanes afirman que fue copiado de un original en árabe que está en el cielo.

Además del Qur'an, Mahoma dejó importantes enseñanzas y dichos, llamados Sunnah (literalmente, caminos). El Sunnah se convirtió en la base de las tradiciones construidas sobre la conducta de Mahoma como profeta y en cómo manejaba las cosas mientras era guía, juez y autoridad de sus seguidores musulmanes.[9] El Sunnah se compiló en un cuerpo de trabajo llamado Hadith, que suplementa al Qur'an de la misma manera en que el Talmud suplementa a la Biblia hebrea en el judaísmo.[10]

Otro cuerpo importante de enseñanzas en el islam es el Shariah, una combinación de interpretaciones legales del Qur'an y el Sunnah. Shariah significa «ley», y establece una guía estricta e integral de la vida y la conducta para los musulmanes. Incluye prohibiciones en contra de comer cerdo y beber alcohol, además de castigos para el robo, el adulterio, la apostasía (negar el islam), y la blasfemia (decir algo despectivo contra el islam o Mahoma).[11]

LAS SEIS DOCTRINAS DEL ISLAM

A continuación, enumeramos las doctrinas que todo musulmán debe creer:

Dios. Hay solamente un Dios, y su nombre es Alá. Alá todo lo ve, todo lo sabe y todo lo puede.

Ángeles. El ángel principal es Gabriel de quien se dice que apareció ante Mahoma. También hay un ángel caído llamado Shaitan (del hebreo «Satán»), además de seguidores de Shaitan, los jinns (demonios).

Escrituras. Los musulmanes creen en cuatro libros inspirados por Dios: la Torá de Moisés (lo que los cristianos llaman el Pentateuco), el Zabur (los Salmos de David), el Injil (Evangelio) de Jesús, y el Qur'an. Sin embargo, como los musulmanes creen que los judíos y los cristianos corrompieron sus Escrituras, el Qur'an es la palabra final de Alá a la humanidad. Es supremo y tiene precedencia ante los demás escritos.

Mahoma. El Qur'an enumera 28 profetas de Alá. Incluyen a Adán, Noé, Abraham, Moisés, David, Jonás y Jesús. Para el musulmán, el más grande y último profeta es Mahoma.

Los tiempos postreros. En el «último día», los muertos serán resucitados. Alá será el juez, y cada persona será enviada al cielo o al infierno. El cielo es un lugar de placer sensual. El infierno es para todos los que se oponen a Alá y su profeta Mahoma.

Predestinación. Dios ha establecido lo que a Él le complace y nadie puede cambiar lo que él ha decretado (esto se conoce también como kismet o doctrina del destino). De esta doctrina proviene la frase islámica más conocida, «Si es voluntad de Alá».[12]

LOS CINCO PILARES DE LA FE

Además de las seis doctrinas que deben creer, los musulmanes deben cumplir cinco tareas obligatorias.

Declaración de creencia: Para convertirse en musulmán, la persona debe repetir públicamente el Shahadah: «No hay otro Dios sino Alá, y Mahoma es el profeta de Alá».

Oración: Los musulmanes oran cinco veces al día: al amanecer, el mediodía, la media tarde, después del ocaso y temprano por la noche.[13] El musulmán debe arrodillarse e inclinarse de la manera que se indica en dirección a la ciudad santa, La Meca.

Limosna. La ley musulmana indica hoy que el creyente debe dar la cuarentava parte de su ganancia (el 2.5%). Esta ofrenda va a las viudas, los huérfanos, los enfermos y demás desafortunados.

Ramadán: El noveno mes del año lunar islámico se llama Ramadán, y es la temporada más sagrada para los musulmanes. Deben ayunar todo el mes. Se prohíbe la comida, la bebida, el fumar y los placeres sexuales, aunque sólo durante el día. Durante el Ramadán, muchos musulmanes comen dos veces al día, justo antes del amanecer, y poco antes del atardecer. Durante el

Ramadán, el creyente no debe cometer ningún acto indigno, porque si lo hace, de nada sirve su ayuno.

Peregrinación a La Meca. Se llama Hajj, y debe realizarse al menos una vez en la vida del musulmán. Sin embargo, si la peregrinación es demasiado difícil o peligrosa para el creyente, puede enviar a alguien en su lugar.[14]

¿DE QUÉ MODO CONTRADICE EL QUR'AN A LA BIBLIA?

La Biblia ha tenido una gran influencia sobre las enseñanzas del islam. Por ejemplo, el musulmán con orgullo rastrea sus ancestros hasta Ismael, uno de los hijos de Abraham. Las creencias musulmanas acerca de la naturaleza de Dios, la resurrección del cuerpo y el juicio son parecidas a las enseñanzas de la Biblia. Sin embrago, hay diferencias importantes. A continuación, hay algunas ideas musulmanas que contradicen lo que enseña la Biblia.

Para los musulmanes Dios es uno, y punto. El Qur'an ataca explícitamente la enseñanza cristiana sobre la Trinidad, diciendo que quien adscribe «socios» a Dios comete el pecado del *shirk* (blasfemia). Esta prohibición se dirige explícitamente en contra de la doctrina cristiana de la Trinidad y la enseñanza de que Jesús es Dios. Muchos musulmanes erróneamente aprenden que los cristianos son en realidad triteístas, que creen en Dios el Padre, María la madre, y Jesús el Hijo. Esta grotesca caricatura de la Trinidad es una mala representación de lo que creen los cristianos bíblicos y lo que enseña la Biblia.

Los musulmanes también enseñan que Alá es trascendente (todopoderoso) y relativamente impersonal. De los 99 nombres asignados a Dios en el islam, «Padre» se omite (para evitar la idea del Padre y el Hijo). Esto está en potente contraste con la Biblia y las enseñanzas de Jesús, que dicen que Dios es nuestro Padre celestial personal. (Comparar los pasajes que se refieren a la grandeza de Dios, como el Salmo 77:10-15 e Isaías 43:13, con pasajes sobre el amor de Dios como Deuteronomio 7:8; Jeremías 31:3; Efesios 2:4; 1 Juan 3:1; 4:7.) Aunque uno de los 99 nombres musulmanes de Dios es «el Misericordioso», no se ve primordialmente como dispensando amor y gracia, sino más bien como un juez estricto ante quien los musulmanes deben rendir cuentas.[15]

El Qur'an niega que Jesús es el Hijo de Dios, aunque describe el nacimiento del vientre de una virgen en un pasaje similar a Lucas 1:26-38 (ver Surah 3:45-47). El Qur'an llama profeta a Jesús, igualándolo con Abraham, Jonás y otros, pero muy por debajo de Mahoma en rango. Surah 4:171 dice que «Jesús... es solamente el enviado de Alá... Lejos está de su trascendente majestad el tener un hijo».

Mahoma ignoró totalmente lo que dice el Nuevo Testamento sobre la divinidad de Jesús (por ejemplo, ver Mateo 8:29; 17:5; Juan 1:1-5; 8:58; 10:30; 14:9; 20:28; Colosenses 1:15-17; 2:9). En lugar de admitir que existen versículos como estos, los musulmanes afirman que los cristianos cambiaron la Biblia.

El Qur'an dice que Cristo nunca murió en realidad en la cruz.[16] «No le mataron ni le crucificaron, sino que les pareció así» (Surah 4:157). ¿Cómo puede ser esto? Según el islam, Alá se llevó Jesús al cielo antes de la crucifixión porque era impensable que un profeta aprobado por Dios debiera pasar por tan humillante derrota. ¿Quién murió entonces en la Cruz? Los musulmanes dicen que fue Judas, (o posiblemente Simón de Sirene), maquillado o transformado de manera tan inteligente como para que se pareciera a Jesús, ¡que hasta María y los discípulos cayeron en el engaño! Otra teoría sostenida por algunas sectas musulmanas es que bajaron a Jesús de la cruz en coma, y que más tarde revivió y viajó a otro lugar donde finalmente murió.[17]

Obviamente, todo esto se opone totalmente a las enseñanzas de la Biblia. Como hemos visto, la Cruz es el centro del plan redentor de Dios. La crucifixión de Cristo fue profetizada en el Antiguo Testamento. Los testigos oculares y sus relatos de la crucifixión están en cada uno de los cuatro Evangelios (ver 1 Corintios 1:23; 2:2; 15:3,4; Gálatas 2:20; 6:12,14; Efesios 2:16).

Jesús predijo su muerte muchas veces (ver Mateo 16:21). ¿Por qué murió? «En rescate por muchos» (Mateo 10:45). Prometió que por medio de su sangre derramada, habría «remisión de los pecados» (Mateo 26:28).

En cuanto a Judas, los Evangelios nos dicen que fue quien traicionó a Jesús (ver Marcos 14:10, 11, 43-45); y que por remordimiento por lo que había hecho Judas se ahorcó (ver Mateo 27:5). Judas murió colgado de una soga, y no en la Cruz del Calvario.

El Surah 4:111 declara que *cada persona debe hacerse cargo de sus propios pecados.* El musulmán debe ganar salvación del pecado, siguiendo los Cinco Pilares de la Fe. Si no lo logra, es culpa suya: «Y quien se extravía, se extravía, en realidad, en detrimento propio» (Surah 10:108).

En contraste, la Biblia enseña que todos hemos pecado y nos hemos apartado (ver Isaías 53:6). La única forma en que la humanidad puede encontrar perdón es mediante la fe en Jesucristo (ver Juan 3:16; Hechos 4:12; Romanos 3:23-26; Efesios 2:4-9).

Mahoma intentó sinceramente apartar a sus seguidores de la idolatría, al proclamarse profeta y diseñar una religión de normas y reglamentos. Como el judaísmo, la religión del islam pone en cada persona una terrible carga de responsabilidad. Sin embargo, Jesucristo ha prometido quitar tal carga del corazón humano: «Venid a mí todos los que estáis trabajados y cargados y yo os haré descansar... porque mi yugo es fácil y ligera mi carga» (Mateo 11:28, 30).

AMOR EN OCCIDENTE, OPRESIÓN EN ORIENTE

Debe trazarse una línea de división para distinguir la imagen amigable que proyecta el islam en occidente como religión de amor, tolerancia y justicia, en contraste con la naturaleza inflexible del islam practicado a lo largo de la historia desde hace siglos y aún hoy, como religión *política* en oriente. Los líderes religiosos de los países islámicos creen que si el islam ha de practicarse correctamente, toda la sociedad debe someterse a la ley islámica (shariah). Esto significa que todos los que viven en sociedades islámicas, incluyendo a los no musulmanes, deben o conformarse a las leyes, economía, política y costumbres islámicas o sufrir graves consecuencias.

Históricamente, en países donde el islam ganó poder político, la gente de cualquier religión que rivalice con el islam es eliminada o –por «tolerancia» y «apertura mental»– se les permite existir como ciudadanos de segunda categoría.[18] Como fuerza cultural, el islam político gradualmente va aplastando a los no musulmanes y aplasta la discrepancia aunque el Qur'an enseña que no debe haber «coacción en religión» (Surah 2:256). La persecución regular y continua de los cristianos en países musulmanes (que incluye violaciones y asesinatos) ocasionalmente recibe atención de los medios. Esta persecución forma parte de la determinación política del islam a obligar a la gente a someterse a Alá.[19]

Miles de cristianos negros en Sudán han sido tomados como esclavos por árabes musulmanes, y esto está muy bien documentado. Los amos árabes justifican esta horrenda práctica afirmando que el Qur'an les da derecho a tomar como esclavos a los «infieles».[20]

Esto no quiere decir que las condiciones sean iguales en todos los países dominados por la religión musulmana. La ley islámica es muy estricta en Arabia Saudita, Pakistán y Afganistán, pero hay países más flexibles, como Qatar y los Emiratos Árabes Unidos.

El islam en occidente es totalmente diferente del islam en los países dominados por los musulmanes. Por un lado, los musulmanes que viven en países democráticos occidentales disfrutan de todos los beneficios y privilegios de la libertad y la democracia. Tienen estado legal de protegidos por ser minoría religiosa. Sus libertades civiles están aseguradas, y pueden practicar su religión abierta y libremente; construir mezquitas, imprimir literatura, formar organizaciones y asociaciones, fundar escuelas, financiar medios de comunicación y predicar su mensaje en las esquinas de las calles si lo desean. Irónicamente, los musulmanes que viven en los EE.UU. cosechan los beneficios que les ofrece una nación fundada en los principios bíblicos.

LOS MUSULMANES NEGROS SON DE ORIGEN ESTADOUNIDENSE

El movimiento negro musulmán es una adaptación estadounidense del islam. En 1913, Timothy Drew, que había cambiado su nombre por el de Noble Drew Alí, enseñó que los negros venían originalmente de Marruecos (no de Etiopía como dicen muchos eruditos) y que habían sido esclavizados por «el diablo caucásico». Alí convocó entonces a derrocar la tiranía de la cultura blanca. Después de la muerte de Alí en 1919, Wallace Fard Mohammed afirmó ser «Alí reencarnado» y formó la Nación del Islam en Detroit en 1930.

Poco después de 1935, Fard desapareció y Elijah Mohammed asumió el liderazgo del movimiento. Elijah enseñaba que un científico negro loco había creado a los blancos, y que gobernarían la tierra durante 6,000 años. Ese período había acabado en 1914, y los negros ahora debían unirse para traer cordura al mundo. La Nación del Islam creció rápidamente en las décadas de 1960 y 1970, con Elijah y su concentración en la estricta disciplina y en mejorar la educación de los negros, al igual que sus perspectivas económicas y políticas.

Sin embargo, en la década de 1950 y 1960, un exitoso reclutador de la Nación del Islam, Malcom X, comenzó a apartarse de las posiciones y enseñanzas de Elijah Mohammed. Malcolm X efectuó una peregrinación a La Meca, donde vio el carácter multirracial del islam ortodoxo (Sunni), y llegó a creer que este era el camino a seguir. Desafió entonces el liderazgo de Elijah Mohammed, y finalmente fue asesinado por musulmanes negros en 1965.

Sin embargo, las creencias de Malcolm X no murieron con él. A principios de la década de 1970, el nacionalismo negro fue dejado de lado por los líderes clave de los musulmanes negros, se establecieron vínculos con el islam ortodoxo y se admitieron miembros no negros. Cuando murió Elijah Mohammed en 1975, su hijo, Wallace D. Mohammed, se hizo cargo del liderazgo y aflojó la estricta disciplina y cruda retórica del movimiento musulmán negro. Cambió el nombre del grupo a Misión Musulmana Estadounidense. Más adelante, a fines de la década de 1970 y principios de 1980, se formaron subgrupos, entre los cuales se destacó el liderado por Louis Farrakhan (nacido en 1933). Como creía que las políticas de Wallace Mohammed eran laxas, Farrakhan resucitó a la Nación del Islam en 1978, y volvió a proclamar el legado y principios del separatismo negro. Surgió como el líder más influyente en la comunidad musulmana negra, aunque sus proclamas racistas son consideradas «no islámicas» por los musulmanes ortodoxos.[21]

En occidente, sean miembros de la Nación del Islam o las comunidades musulmanes más ortodoxas, los musulmanes disfrutan de numerosas libertades impensadas para los cristianos en casi todos los países musulmanes ¿Por qué esta gran disparidad? Gran parte de la respuesta es que el legado judeocristiano de occidente provee un cimiento teológico para la dignidad de la libertad de conciencia de cada persona. En 1,500 años de historia islámica, todavía ha de demostrarse que los valores democráticos pueden coexistir con el islam.

Sin embargo, el punto clave es que ya sea en oriente o en occidente, el islam es una religión de confianza en uno mismo y esfuerzo individual. Los musulmanes que intentan seguir una religión que pone la responsabilidad de su salvación sobre sus propios hombros (o en el kismet) sólo pueden esforzarse todo lo posible y esperar que Alá se apiade de ellos. Como personas cuya confianza no está en sí mismos, sino en el Dios que envió a su Hijo a reconciliarlos con Él, los cristianos tienen noticias increíblemente buenas para compartir con los musulmanes que estén dispuestos a oírlos.

Resumen de las principales diferencias entre los musulmanes y los cristianos

En cuanto a Dios: Los musulmanes creen que no hay otro Dios más que Alá. Los cristianos creen que Dios se revela en las Escrituras como Padre, Hijo y Espíritu Santo, tres personas que son eternamente Dios (ver Mateo 3:13-17; 28:19; 2 Corintios 13:14).

En cuanto a Jesucristo: Los musulmanes creen que Jesús era nada más que un hombre, un profeta por debajo de Mahoma en importancia, que no murió por los pecados de la humanidad; los cristianos dicen que Cristo es el Hijo de Dios, el Redentor sin pecado que murió y resucitó por la humanidad pecadora (ver Juan 1:13, 14; 1 Pedro 3:18).

En cuanto al pecado: Los musulmanes afirman que las personas nacen con un corazón que es una tabla rasa. Si cometen pecados, podrán vencerlos mediante acciones de la voluntad. Los cristianos, por otra parte, sostienen que nacemos corruptos por el pecado, espiritualmente muertos apartados de la gracia de Dios, y que no hay nadie que haga lo bueno si está apartado de la fe (ver Romanos 3:12; Efesios 5:8-10).

En cuanto a la salvación: Los musulmanes dicen que Alá no ama a los que hacen el mal y que cada persona debe ganar su propia salvación. Los cristianos afirman que un Dios de amor envió a su Hijo para morir por nuestros pecados, según la palabra inspirada (ver Romanos 5:8; 1 Corintios 15:3-4).

CAPÍTULO 4

EL HINDUISMO

TODOS SOMOS DIVINOS

El hinduismo y otras perspectivas asiáticas suenan extrañas para quien tiene mentalidad occidental. Es porque los que vivimos en el mundo occidental[1] tenemos un legado cultural y religioso muy distinto del que tiene quien vive en oriente.

El pensamiento occidental comenzó en la antigua Grecia, donde hombres como Sócrates, Platón y Aristóteles vieron que el universo tenía un plan y un propósito. A las ideas griegas, se sumaron las enseñanzas judías y cristianas de la Biblia, que explicaban que este plan y propósito reflejaban la naturaleza de un Dios racional y energético que había creado el universo. La Biblia enseñaba que el Dios infinito es personal, ama a las personas y –porque es su creador– tiene el poder de imponer exigencias morales a los seres humanos. Además, la Biblia enseñaba sobre la dignidad y el valor de cada persona «creada a imagen de Dios» con capacidad para razonar, decidir y relacionarse con Dios (ver Génesis 1:26-27). La Biblia también enseñaba que el tiempo y la historia avanzan hacia un día de juicio final.

Las cosas se desarrollaron de manera muy distinta en oriente. Típicamente, las religiones orientales ponen énfasis en que *todo* lo que hay en el mundo es temporal, cambiante, efímero e irreal, y que nuestra percepción del mundo suele ser ilusoria o inconducente. El universo físico no se ve como un universo ordenado y racional que revela la gloria de Dios (ver Salmo 19:1-4), sino como un *impedimento* a la percepción y experiencia de la «realidad suprema».

En oriente, la realidad suprema es considerada asequible dentro de cada individuo, cuando intuitivamente se reconoce que el «propio ser» es divino o al menos parte de lo divino. Dios entonces es mayormente impersonal, una fuerza unificadora que no se interesa personalmente por cada ser humano. La idea de un creador con autoridad sobre el universo y con exigencias morales es, en la mayoría de los casos, rechazada.

Orígenes e historia del hinduismo

La palabra hinduismo proviene del Río Indo, que recorre el territorio de lo que hoy es Pakistán. En el tercer milenio antes de Cristo, la gran civilización mohendo-jaro florecía allí, poblada por los dravidianos de piel oscura. Por lo que han podido descubrir los arqueólogos, los dravidianos tenían una religión politeísta de fertilidad que se centraba en la adoración de las fuerzas de la naturaleza y en ritos que fusionaban la sexualidad humana con la esperanza de abundantes cosechas.[2]

Cerca del 2000 d. C., los arios, guerreros de piel blanca, llegaron a las montañas del Cáucaso y conquistaron a los pueblos del Valle del Indo. Los arios también tenían una religión politeísta, y algunos de los dioses dravidianos más populares cambiaron de nombre, pero retuvieron sus antiguas funciones. Los arios escribieron sus himnos, oraciones, cánticos y mitos en los *Vedas*,

Brahamanas, Aranyakas y Upanishads, compuestos entre los años 2000 y 700 a. C., conocidos como literatura Veda.[3]

Los hindúes consideran a estos escritos como de inspiración sobrenatural, y son para ellos tan sagrados como la Biblia resulta ser para los cristianos.[4]

La religión politeísta y de fertilidad de los dravidianos, y la primera religión de los arios védicos politeístas fueron el cimiento de lo que luego llegó a ser el hinduismo. Aunque los primeros vedas eran rotundamente politeístas y devotos a los rituales y sacrificios, los posteriores vedas demostraron inclinarse hacia el panteísmo (pan: todo – teo: dios). Según el panteísmo, Dios no creó el mundo. Dios es el mundo, junto con todo lo que hay en él.

A pesar de que las primeras escrituras hindúes mencionaban a muchos dioses, el objetivo supremo, según la literatura veda posterior, era la unión con Brahmán, el absoluto impersonal. Los sacerdotes de Brahmán fueron conocidos como brahmanes, y realizaban las tareas rituales de la comunidad, exigidas por los escritos vedas para aplacar a muchos dioses. Los brahmanes también tenían el monopolio de las verdades supremas del brahmanismo panteísta. Los brahmanes se hicieron cada vez más poderosos hasta convertirse en la clase social más alta.

Cerca del año 500 a. C., se agregaron más escritos a las escrituras hindúes. Su propósito era el de establecer el Varna, un sistema rígido de castas o jerarquías sociales. Un himno relata cómo surgieron cuatro castas de personas, de la cabeza, los brazos, los muslos y los pies del dios creador, Brahmán. Las cuatro castas eran: brahmanes (sacerdotes), kshatriyas (guerreros y nobles), vaisyas (mercaderes y artesanos) y sudras (esclavos). Cada casta se subdividía a su vez en cientos de subcastas, según un orden de rango. Solamente se permitía a los brahmanes, los castrillas y vaisyas la plena ventaja de todo lo que tiene para ofrecer la religión hindú, y a los shudras no se les permitía oír los vedas o usarlos para intentar hallar la salvación.

Un peldaño todavía más abajo estaban los intocables, quienes hasta el siglo veinte eran considerados tan por debajo que no entraban en el sistema de castas y se les trataba como seres menos que humanos. Antiguamente, los intocables tenían siempre los trabajos más sucios, bebían agua contaminada, comían carroña, vestían harapos y debían ver cómo morían sus hijos a causa de la desnutrición. No tenían acceso a la propiedad, la educación ni a la dignidad.

Cuando India se convirtió en nación en 1947, el gobierno oficialmente prohibió la discriminación hacia los intocables. La fuerza impulsora de los cambios en las leyes y costumbres que mantenían a los intocables como esclavos fue la influencia de los misioneros cristianos que han desempeñado una función muy importante en la transformación de los bloques sociales, económicos y religiosos de la India.[5] Aún así, la realidad social en muchas aldeas de la India es que el cambio se va logrando con reticencia, muy lentamente.

DOS CREENCIAS PRINCIPALES EN EL HINDUISMO

El hinduismo no es en realidad una única religión, sino la interacción y combinación de muchas religiones. No hay un fundador conocido del hinduismo, credos de fe a los que haya que suscribirse ni tampoco hay una única autoridad consensuada. De hecho, ¡uno puede ser un buen hindú y creer en un sólo dios, en muchos o en ninguno! Esto es porque para los hindúes las ideas contradictorias no son un problema. Toda realidad, contradictoria o no, se ve como «unidad». Sin embargo, hay dos presunciones fundamentales en las que creen todos los hindúes sin cuestionarlas: la reencarnación y el karma.

La reencarnación es la creencia de que el *atman*, el alma eterna y no creada de la persona, deberá reciclarse reiteradamente en el mundo, al ocupar diferentes cuerpos. En algunas formas de hinduismo, las almas pueden reencarnar como animales, plantas o hasta objetos inanimados. La reencarnación es el proceso que lleva al hindú a lo largo de la gran rueda del *samsara*, los miles o millones de vidas (todas llenas de sufrimiento) por las que debe pasar cada atman antes de llegar a la *moksha*, la liberación del sufrimiento y la unión con el infinito.

El karma («acción»), tiene que ver con la ley de la causa y el efecto. Para el hindú, el karma significa mérito o desmérito y se apega al atman (alma) de la persona según viva su vida. El karma de las vidas pasadas afectará la vida actual de la persona, y el karma de esta vida determinará su situación en la vida siguiente.

La Biblia contradice de plano las ideas hindúes de la reencarnación y el karma. El hinduismo enseña que el atman (alma) es eterna y no creada. La Biblia enseña que cada persona es creada por Dios, morirá una sola vez y luego resucitará una vez el día del juicio (ver Juan 5:17-30; 1 Corintios 15:1-58; Hebreos 9:27). El hinduismo enseña que el atman es perfecto, libre e ilimitado y que no importa cuántas vidas hagan falta, eventualmente cada atman llegará a conseguir su naturaleza divina. La Biblia enseña que cada persona tiene una sola vida para vivir y que después de esta vida viene el juicio (ver Hebreos 9:27).

CAMINOS A LA MOKSHA

Para los hindúes, el mayor desafío espiritual es que el alma, o atman, se separe de Brama (realidad suprema) y quede atrapada en samsara, el aparentemente interminable proceso de seguir reencarnándose una y otra vez. La moksha es la liberación del samsara y la reunión con Brama. Es el objetivo al que se llega básicamente por tres caminos: el de las obras (drama), el del conocimiento (inana) y el de la apasionada devoción (bhakti).

Al seguir el camino de *dharma*, el de las obras, la persona tiene un conjunto de obligaciones sociales y religiosas específicas que deberá cumplir. Debe seguir la ocupación de su familia, casarse dentro de su casta, obedecer las leyes de los alimentos prohibidos y permitidos, y, por sobre todo, producir y criar a un hijo que pueda realizar un sacrificio a sus antepasados, además de otros actos rituales y de sacrificio. Al cumplir con estas obligaciones, la persona que está utilizando el camino de las obras puede esperar lograr una mejor reencarnación y *quizá* después de decenas de miles de reencarnaciones, lograr la moksha.

Hay un camino más difícil para llegar a conseguir la moksha, que es el camino del conocimiento (inana), e incluye la renuncia del propio ser y la meditación sobre la realidad suprema panteista del hinduismo. Es un camino muy estético, abierto solamente a hombres de las castas superiores, y se describe en los *Upanishads*, una serie de tratados filosóficos que se compusieron a partir del año 600 a. C.[6]

Los textos upanishads enseñan que el mundo que percibimos es meramente *maya* (ilusión) y que unicamente Brama es lo que existe y tiene significado.

El camino del conocimiento a menudo incluye la práctica del yoga (unión). El yoga es el intento por controlar la propia conciencia a través de la postura corporal, el control de la respiración y la concentración, al punto de que uno llega a entender por experiencia que el propio ser, el alma (atman) que no muere, es idéntica al Brama. Esto lleva al famoso dicho hindú «Aham asmi Brama» (Yo soy Brama).[7]

El camino de la apasionada devoción a un dios (bhakti) es el más popular para conseguir el moksha. Este camino se describe en su forma más temprana en los poemas épicos de Ramayana y los Mahabharata, compuestos entre 300 a. C. y 300 d. C.[8] También se halla a bahkti en los puranas, cuentos folklóricos y eróticos compuestos entre los siglos cuatro y dieciséis después de Cristo.[9]

Según el camino del bhakti, el devoto puede elegir a cualquiera de los 330 millones de dioses, diosas o semidioses en el panteón hindú y adorar a ese dios en particular. En la práctica, casi todos los hindúes que siguen el camino del bhakti adoran a Vishnu o Shiva.

El más popular es el dios Vishnu, que tiene muchos nombres y ha aparecido como avatares (salvadores, encarnación de una deidad) bajo la forma de una tortuga gigante, como Gautama Buddha (ver capítulo 5) y como Rama y Krishna, los dos héroes importantes del Ramayana y el Mahabharata. Vishnu también tiene diversos consortes sexuales (esposas), igual que Shiva, que es adorado por otros hindúes, por millones. Shiva puede relacionarse con el antiguo dios preario de la fertilidad, que tenían los dravidianos. Los rituales realizados por los adoradores de Shiva no son diferentes de los realizados por los cananeos, a quienes Dios ordenó destruir a manos de los israelitas (ver el libro de Josué).[10]

El camino del bhakti apela a las clases inferiores (la vasta mayoría de los habitantes de la India) y ofrece un camino mucho más sencillo para que sus almas progresen a formas más elevadas de nacimiento por medio de la reencarnación y, de esa manera, eventualmente llegar al moksha. Por medio del bhakti, el adorador evita varios renacimientos y vidas como los que exigen otros caminos. No hay tortuosos ejercicios de yoga ni la necesidad de formar parte de una casta especial o cuerpo de inteligencia.

«EVANGELIZACIÓN» HINDÚ DE OCCIDENTE

Las ideas hindúes comenzaron a influir en el pensamiento occidental a mediados del siglo diecinueve cuando Ralph Waldo Emerson, uno de los principales exponentes estadounidenses del trascendentalismo, se empapó con el contenido de los escritos hindúes. Su doctrina del «alma superior» era una expresión del panteísmo y su idea de la confianza en uno mismo es muy similar al entendimiento hindú del atman como Brahma. Henry David Thoreau, contemporáneo de Emerson y también trascendentalista, se inspiró en los *Upanishads* y el *Bhagavad Gita* cuando escribió *Waldon* y algunos de sus otros libros.[11]

Sin embargo, el mayor avance llegó en 1893 en el Parlamento Mundial de Religiones en Chicago, Illinois. En ese evento, Swami Vivekananda dejó una notable impresión en la crema de la sociedad intelectual estadounidense. En la década de 1930, La Orden Ramakrishna de la India envió a otro joven monje, Swami Prabhavananda, para que fundara la Sociedad Vendanta del Sur de California.

Los seguidores del moderno movimiento Vendanta creen que la más reciente encarnación de Vishnu es la de Sri Ramakrishna (la Orden Ramakrishna lleva su nombre). Ramakrishna vivió en Bengala hacia fines del siglo diecinueve. Sus seguidores dicen que practicó todas las disciplinas espirituales del hinduismo, el cristianismo y el islam, y que obtuvo una visión de Dios en cada una. Ramakrishna solía decir: «Muchas religiones son sólo diferentes caminos que llevan a una única realidad: Dios».

Vedanta, quien tuvo un gran papel en el movimiento de la Nueva Era (ver capítulo 9), dice ser amigable con todas las religiones. Aldous Huxley, autor de *Brave New World* (Valiente nuevo mundo) y uno de los más ardientes seguidores de Vandanta, dijo: «Es perfectamente posible para alguien ser un buen cristiano, hindú, budista o musulmán y permanecer unido en pleno acuerdo con las doctrinas básicas de la Filosofía Perenne».[12]

En la década de 1960, los Beatles fueron a la India, donde aprendieron la meditación trascendental (MT) con Maharishi MaheshYogi. Trajeron la MT al regresar a los EE.UU. y a otros países donde se volvió tremendamente popular. Desde entonces, el hinduismo en sus diversas formas ha entrado en la corriente cultural de los EE.UU. en tal medida que ciertas ideas antiguas vedánticas son tomadas como incuestionables por millones de estadounidenses. Un ejemplo básico es el lema vedántico: Todos los caminos a Dios son verdaderos y válidos.

Los maestros de Vedanta, como Swami Prahbavanda, dicen que el hindú «encontrará sencillo aceptar a Cristo como encarnación divina y adorarle sin reservas, de la misma manera en que adora a Krishna o a otro avatar ('salvador') que elija. Pero no puede aceptar a Cristo como *único* hijo de Dios».[13]

El gran líder indio Mohandas K. Ghandi hizo una afirmación similar: «Que Jesús fuera el único hijo encarnado de Dios es más de lo que puedo creer. Y también que sólo quien creyera en él tendría vida eterna». Ghandi dijo también que no creía que pudiera haber nada «misterioso o una virtud milagrosa» en la muerte de Cristo en la cruz.[14]

Ghandi, como otros hindúes, no podía aceptar la respuesta cristiana al problema del pecado, aunque sentía gran avidez por la verdadera salvación del pecado. Escribió: «Porque es tortura continua para mí estar todavía tan lejos de Él, quien como sé plenamente, gobierna cada aliento de mi vida, y de quien soy descendiente».[15]

Hinduismo contra Jesucristo

Junto con su rechazo de la creencia en Dios como creador soberano del universo, los hindúes además se separan del cristianismo en
el crítico tema de Jesús, como Hijo y encarnación de Dios. Los adoradores hindúes de Vishnu, por ejemplo, creen que Dios se encarnó
muchas veces en el pasado.[16] La Biblia enseña que Dios se encarnó
una sola vez en la historia humana (ver Juan 1:14). Jesús no vino a
enseñar a la humanidad diversos «caminos» a la salvación, sino para
«ser el camino, la verdad y la vida» (Juan 14:6), y para «llevar los
pecados de muchos» (Hebreos 9:28).

La resurrección de Cristo demuestra su absoluta unicidad como
Dios Hijo, su victoria sobre la muerte y su divina aprobación de
parte de Dios Padre. También refuta la enseñanza hindú de la continua reencarnación y su creencia de que Cristo fue solamente otro
maestro avatar (súper salvador).

¿Por qué es tan pequeño el dios de los hindúes?

En realidad, el hinduismo es más una filosofía que una teología (un
estudio de Dios). Los hindúes intentan presentar con énfasis la
grandeza de su dios impersonal –Brahma– el «aquello» que está
detrás y más allá de toda realidad. Pero ¿dónde busca el hindú a
Brama? Dentro de sí mismo. Para el hindú, cada persona es «dios»
(o al menos, parte de «dios»). El dios hindú es demasiado pequeño.
El registro bíblico (ver 1 Juan 5:11, 12) establece que Dios nos ha
dado vida eterna, y que esta vida está en su Hijo. Si tenemos al
Hijo, tenemos vida eterna (y no una serie de reencarnaciones mitológicas sin ninguna prueba de ellas. Como dice la canción folclóri-
ca de los indios: «Cuántos nacimientos pasamos, no lo sé. Cuántos
han de venir, nadie lo sabe. Pero esto sí sé y lo sé muy bien, que el
dolor y la pena amargan todo el camino».[17]

RESUMEN DE LAS PRINCIPALES DIFERENCIAS ENTRE LOS HINDÚES Y LOS CRISTIANOS

En cuanto a Dios y Jesucristo: Los hindúes no creen en un Dios personal y amoroso, sino en Brahma, un ser abstracto, sin forma, eterno y sin atributos, que fue el comienzo de todas las cosas.[18] Creen que Jesús no es Dios, sino una de muchas encarnaciones o avatares de Vishnu.[19] Los cristianos creen que Dios es un ser eterno, personal, espiritual en tres personas: Padre, Hijo y Espíritu Santo (ver Mateo 3:13:17; 28:19; 2 Corintios 13:13). Jesucristo es Dios así como también un hombre sin pecado, y murió por nuestra redención (ver Juan 1:13,14; 1 Pedro 2:24).

En cuanto al pecado y la salvación: Los hindúes llaman al pecado «total ilusión», porque creen que toda realidad material es ilusoria. Buscan liberación del samsara, interminable ciclo de muerte y renacimiento, por medio de la unión con Brahma, lo cual se logra a través de la devoción, la meditación, las buenas obras y el autocontrol.[20]

Los cristianos creen que el pecado es rebelión por orgullo que lleva a la eterna separación de Dios después de vivir solamente una vida y no muchas (ver Romanos 3:23; Hebreos 9:27), y que la salvación se otiene únicamente al creer en la muerte de sacrificio y resurrección de Jesucristo (ver Romanos 3:24; 1 Corintios 15:3).

CAPÍTULO 5

EL BUDISMO

TÚ MISMO DEBES HACER EL ESFUERZO

A diferencia de la religión hindú, el budismo sí puede destacar un fundador, y dar una fecha para sus comienzos. El hombre que formuló el budismo fue Siddhartha Gautama, nacido como hindú, cerca de 560 d. C. en Lumbini en proximidad de la frontera entre India y lo que hoy es Nepal.

Dice la tradición que, cuando nació Gautama, un vidente profetizó que llegaría a ser el gobernante más grande de la historia. El vidente agregó que si Gautama veía cuatro cosas —enfermedad, vejez, muerte y un monje que hubiera renunciado al mundo— entonces el niño dejaría su reinado terrenal y descubriría un camino para la salvación de toda la humanidad.

Para refutar la profecía, el padre de Gautama construyó un palacio para su hijo, y ordenó que nunca se permitiera en las cercanías la presencia de los enfermos, los ancianos, los cadáveres o los monjes. Así es que Gautama creció apartado y protegido del mundo. Luego se casó con una bella joven llamada Yasodhara, quien le dio un hijo.

Sin embargo, los «dioses» tenían otros planes para Gautama. Un día mientras cabalgaba por el parque que rodeaba su palacio, vio un hombre cubierto con terribles llagas, un hombre que se tambaleaba a causa de su edad, un cadáver que llevaban para enterrar, y un monje mendigo que parecía estar en paz y feliz.

Esa noche, informó Gautama después, comenzó a pensar en la mirada de paz que tenía el monje en su rostro. Comenzó a preguntarse si había más en la vida que los lujos de su palacio. Durante la noche, fue a ver a su esposa e hijo por última vez mientras dormían, y dejó el palacio para siempre.

Gautama tenía 29 años, y había decidido resolver el acertijo de la vida. Se rasuró la cabeza, vistió una túnica amarilla y vagó por el campo como monje mendigo. Primero estudió los Upanishads con los mejores maestros, aunque estos escritos no le trajeron satisfacción alguna. Y entonces intentó encontrar la salvación por medio de la autonegación. Casi muere de inanición, y llegó a parecer un esqueleto andante, pero tampoco así logró ser feliz.

GAUTAMA SE CONVIERTE EN «EL ILUMINADO»

Finalmente, se sentó bajo un árbol durante 40 días y noches. Juró que no se movería hasta encontrar lo que buscaba. Durante ese tiempo, Mara, el malvado, intentó hacerle abandonar su emprendimiento. Al finalizar este período de 40 días, experimentó el más alto grado de conciencia de Dios, el nirvana, que es literalmente «apagar» la llama del deseo y negar el sufrimiento. Por medio de esta experiencia, Gautama sintió que había encontrado «la salvación». Así es que a partir de entonces, se le conoció como Buda o «el iluminado».

Después de esta experiencia que le cambió la vida, Gautama Buda volvió al mundo de los hombres. Comenzó a predicar y enseñar sobre el significado de la vida y su camino al nirvana. Fundó la Sangha, una orden de monjes. Para cuando murió, 45 años más tarde, muchos miles de personas habían adoptado sus enseñanzas.[1]

En ciertos aspectos, el budismo es similar al hinduismo del que provino. Y en otros aspectos, es muy diferente. Muchas de las enseñanzas de Buda fueron rechazadas por heréticas, así pronunciadas por los principales maestros del hinduismo, los sacerdotes brahmanes. Por ejemplo, Buda negó que los Vedas y los Upanishads fueran escritos divinos, y dijo que no eran de ayuda para encontrar el camino al nirvana. También negó que el hombre tuviera un atman (alma), que formara parte del brahmán (alma del mundo), y que el mundo presente fuera maya (irreal).

Otros conceptos hindúes negados por Buda incluyen el sacerdocio del brahmanismo y todo el sistema de sacrificios de los hindúes. En cambio, Buda puso énfasis en la ética por sobre el ritual. Rechazó el sistema de castas y enseñó que la iluminación estaba abierta a todos, incluyendo a las mujeres, y no sólo a los varones brahmanes. Finalmente, Buda desafió radicalmente a todos los dioses y diosas hindúes que les fuera indiferentes a las personas, al decir que eran de poca importancia en el camino de búsqueda de la iluminación.

Buda sí aceptó las enseñanzas hindúes sobre la reencarnación, junto con el karma (el alma gana mérito o desmérito de acuerdo a cómo vive uno su vida) y el dharma (el deber que uno debe cumplir según su condición en la vida). Buda enseñó que uno puede renacer como humano, animal, fantasma hambriento, demonio y hasta como un dios hindú. Incorporó el yoga y la meditación, habilidades muy desarrolladas en el hinduismo, a sus enseñanzas.

EL CAMINO MEDIO Y EL SENDERO ÓCTUPLE

Una de las enseñanzas más importantes de Buda fue su teoría del Camino Medio. Para Buda, el Camino Medio era un camino espiritual de salvación que serpentea entre el extremo del ascetismo y la irrestricta sensualidad que conoció mientras era hindú. Para describir su

Camino Medio, Buda ofreció cuatro principios importantes, que se conocen como las Cuatro Nobles Verdades:

1. *El sufrimiento es universal.* Buda enseñó que el mismo acto de vivir implica sufrimiento desde que nacemos hasta que morimos. Y ni siquiera la muerte trae alivio porque el ciclo del renacimiento, el sufrimiento y la muerte vuelve a repetirse. La salvación (nirvana) consiste en la liberación de este interminable ciclo de sufrimiento.

2. *La causa del sufrimiento es el deseo (egoísta).* Permanecemos atrapados en este interminable ciclo porque estamos demasiado apegados a la salud, la riqueza, la posición social o la comodidad física. Esto es porque ignoramos la naturaleza de la realidad, y somos víctimas de lo que Buda llama tanha (apego, deseo).

3. *La cura para el sufrimiento es vencer la ignorancia y eliminar el deseo.* Como vivir implica sufrir, y el sufrimiento es causado por el deseo, si una persona pudiera quitar el deseo de su vida, el sufrimiento acabaría.

4. *Suprimir el deseo siguiendo el Camino Medio: el Noble Sendero Óctuple.* Primero, Buda aisló la causa, el tanha, la incapacidad humana para escapar de la jaula sin salida de la muerte y el renacimiento. Luego ideó un sistema llamado Sendero Óctuple, mediante el cual el budista puede librarse del tanha. El Sendero Óctuple consiste en ocho formas de vivir correctamente: (1) perspectiva correcta, (2) aspiración correcta, (3) habla correcta, (4)comportamiento correcto, (5) ocupación correcta, (6) acción correcta, (7) concentración correcta, (8) meditación correcta.

Buda afirmó que quien siguiera este Sendero Óctuple, finalmente llegaría al nirvana, la liberación del interminable ciclo de muerte y renacimiento. Cuando se le pidió a Buda que definiera el estado de nirvana, respondió que jamás había intentado responder a esta pregunta. Su misión era la de mostrarle al hombre el camino para escapar del sufrimiento de la vida, y no la de describir lo que encontraría una vez liberado.

El hinduismo que Buda rechazó decía que la vida en este mundo era maya (ilusión) y, de este modo, el sufrimiento –que forma parte de este mundo– también es ilusión. Sin embargo, Buda proclamó que la vida en este mundo es bastante real. Implica sufrimiento real porque –a causa de este sufrimiento– hay que escapar del mundo siguiendo el Sendero Óctuple de Buda.

El budismo siempre ha resultado ser muy atractivo para las personas del oriente. A diferencia de las ideas elitistas del hinduismo, el budismo ofrece una definición precisa del problema del hombre, junto a un «plan de salvación» exacto, disponible para todos.

PRINCIPALES RAMAS DEL BUDISMO

El budismo fue popular en India durante varios siglos hasta que fue absorbido por el hinduismo. Los sacerdotes brahmanes hasta llegaron a promover a Buda como la encarnación de Vishnu. Durante los primeros mil años del cristianismo, mientras se llevaba el evangelio a toda Europa, los monjes budistas difundían su religión en el Oriente. Hoy, desde Ceilán a Japón, hay más de 350 millones de personas que siguen las enseñanzas de Buda.[2]

El budismo adopta diversas formas, aunque las tres principales son el *hinayana*, el *mahayana* y el *tantrismo*. Hinayana significa «la doctrina del camino menor», y se refiere a la creencia de que por más que se esfuercen, serán unos pocos afortunados monjes los que logren encontrar el nirvana, al seguir absolutamente el camino a Buda. Como el término «camino menor» era la manera despectiva en que los críticos llamaban a este camino, sus partidarios luego lo llamaron budismo *theravada* («camino de los ancianos»). Lo mejor que pueden esperar los laicos en el budismo theravada es elevarse a un nivel superior al renacer en la siguiente vida, para poder llegar a ser monjes. La rama theravada del budismo se ha enriquecido mucho a través de las dádivas de tierra y dinero para construir monasterios, y hoy domina en Sri Lanka, Tailandia, Laos y Campuchea.[3]

El budismo mahayana, la doctrina del «camino mayor» enseña que Buda creía que el nirvana está al alcance de todos. Buda enseñó originalmente que la única persona que puede salvarte eres tú mismo, aunque el mahayana desarrolló la idea de dioses salvadores o *bodhisattvas*. Los seguidores del mahayana razonaron que Buda había permanecido en la tierra durante 45 años cuando podía haber ido directamente al nirvana. Sin embargo, decidió quedarse para salvar a la humanidad y llegar a ser el primer y más grande bodhisattva, un salvador para la humanidad a quien los fieles pueden apelar. Otros monjes budistas que alcanzan el nirvana y llegan a la iluminación como Buda lo hizo, son también bodhisattvas.

De todo esto, recogemos que el theravada y el mahayana difieren radicalmente en su opinión sobre Buda. Para el theravada, Buda fue solamente un maestro (como lo afirmaba Buda mismo), pero para el budismo mahayana, es un dios salvador para todos los seres humanos. A causa de esto, el budismo mahayana es mucho más popular. Es influyente en Nepal, China, Tibet, Japón, Vietnam y Corea.[4]

Una forma popular del budismo mahayana en occidente es el zen, una disciplina cuyo objetivo principal es la iluminación a través de la meditación (alcanzar el *satori*).[5] Los maestros del zen ponen énfasis en el dicho de Buda: «Mira hacia dentro, tú eres el Buda».[6]

Después de la Segunda Guerra Mundial, el zen hizo importantes progresos en occidente a través de la influencia del erudito japonés D. T. Suzuki (1870-1966), además de la intervención de artistas, filósofos y psicólogos influyentes. Cientos de miles de estadounidenses se convirtieron al budismo, incluyendo notables estrellas de cine o celebridades como Joan Baez, Tina Turner, Richard Gere, Larry Hagman y Harrison Ford.[7]

La tercera división importante del budismo se llama tantrismo, una combinación del budismo mahayana con las antiguas prácticas de ocultismo en Tibet. El budismo tántrico utiliza embrujos y signos ocultos. Contiene fuertes elementos de animismo (atribución de vida conciente a objetos inanimados o de la naturaleza) y es una de muchas falsas religiones que pueden dejar a sus seguidores abiertos a la actividad demoníaca. El tantrismo es considerado religión oficial del Tibet, y se practica extensamente en Nepal.

COMPARACIÓN DE LAS ENSEÑANZAS DE BUDA CON LA BIBLIA

Quinientos veinte años después de la muerte de Buda, Jesús vino a traer vida plena y en abundancia no sólo en el mundo por venir, sino en este mundo. Buda afirmaba haber encontrado un camino, pero Jesús afirmó que él es el camino ¿Cómo se comparan ambas afirmaciones?

Buda dijo que «vivir es sufrir», y que las razones del sufrimiento eran la ignorancia y el deseo. La Biblia concuerda en que hay sufrimiento en todas partes y que gran parte del sufrimiento se debe a deseos mal dirigidos, pero, en esencia, la Biblia ofrece una explicación muy distinta para el sufrimiento. La Biblia explica que el mundo entero «gime» y que todos los seres humanos sufren a causa del pecado (ver Romanos 8:18-23). Todos hemos puesto nuestros propios deseos personales por encima de los de Dios. Todos somos pecadores por elección. Decidimos vivir nuestra vida independientemente de Dios y sus leyes (ver Isaías 53:6).

Buda observó que el sufrimiento proviene del deseo o el apego de cualquier naturaleza. Para Buda, todo deseo era malo y debía erradicarse. La Biblia, sin embargo, enseña que aunque hay malos deseos, también los hay buenos. Por ejemplo, se nos alienta a tener gran deseo por Dios, por su gloria en nuestra vida y por su reino (ver el Salmo 27:4; Mateo 6:33).

En cuanto a los malos deseos, Santiago 1:13-15 señala que el hombre es atraído desde dentro por «lujuria», pasiones o apetitos que tienden a salirse de su control. Cuando uno cede a estas tentaciones, peca. El resultado del pecado es el sufrimiento espiritual y la muerte (ver Romanos 6:23). Los cristianos concuerdan en que la causa de gran parte del sufrimiento es el deseo egoísta, aunque están en desacuerdo con la forma budista de eliminar este deseo.

Buda enseñó que el único camino para librarse del deseo egoísta era a través del propio esfuerzo. Durante siglos, sus seguidores ha intentado permanecer en el Sendero Óctuple, aunque muchos han descubierto que «engañoso es el corazón más que todas las cosas», y que saboteará la mejor de las intenciones del ser humano (Jeremías 17:9).

Para que una persona pueda dominarse, necesita una fuente de fuerza superior. Sin embargo, Buda era agnóstico. Ignoraba la posibilidad de ayuda de Dios. El apóstol Pablo (ver Tito 3:3-8) nos recuerda que todo cristiano fue una vez esclavo del deseo y de apetitos egoístas, pero que Cristo vino al mundo como Dios y como hombre para brindar la fuerza necesaria para vencer esos deseos. Sin ayuda de Dios, la única forma de terminar con el deseo es la muerte. Pero con Dios, podemos ser «nuevas criaturas» que morimos (figurativamente) a los deseos egoístas (ver Juan 3:5; 2 Corintios 5:17; Gálatas 2:20).

EL CRISTIANISMO VA MÁS ALLÁ DEL BUDISMO

Buda dijo que, para terminar con el deseo, uno debe seguir el Sendero Óctuple, noble objetivo que ha de buscarse únicamente a través de la decisión y los recursos propios de cada individuo. Jesús dio un conjunto de pautas similares en el Sermón del Monte (ver Mateo 5), aunque también prometió darnos su fuerza personal a través del Espíritu Santo para que pudiéramos vivir este tipo de vida que agrada a Dios (ver Juan 16:7-15; Romanos 8; Gálatas 5).

Cristo comparte la vida del creyente sincero, y da a sus seguidores dos ingredientes vitales para una vida eficaz: el poder y la autoridad. El cristiano aumenta o limita ese poder en proporción directa con el grado en que su vida sea compartida con el Señor y sometida a su voluntad (ver Juan 15:1-8).

LA DECISIÓN QUE TODOS DEBEMOS TOMAR

El budista theravada tiene ocho pautas para vivir correctamente, aunque Buda no le ha prometido poder para vivir de ese modo.

También, Buda no tenía autoridad para decir que dichos ocho pasos fueran correctos, por nobles que sonaran. Los budistas del mahayana encuentran que el Sendero Óctuple es solitario, y buscan ayuda en los bodhisattvas.

Buda enseñó que uno mismo ha de hacer el esfuerzo. Cristo nos enseñó a entregarnos a Él, y él nos dará poder para vivir exitosamente. Cristo no le da simplemente al cristiano una lista de mandamientos y órdenes para obedecer. Promete ayudar al cristiano a crecer, cambiar y desarrollarse.

Toda persona, sea cristiana o no, se enfrenta con una decisión: el esfuerzo propio o la entrega de todo a Cristo como *Salvador y Señor*. Cuando los cristianos aceptan a Cristo como Salvador, pero no le obedecen como Señor, se privan de algo y, en algunos aspectos, no les va mejor que al budista que debe luchar contra el deseo (egoísta) utilizando nada más que su propia fuerza.[8]

Quizá los cristianos puedan aprender del budismo a reconocer que aunque son salvos a través de la fe en Cristo, siguen teniendo deseos egoístas. El camino para terminar con estos deseos es entregarlos a Aquel que dijo sencillamente: «separados de mí [sin vivir toda vuestra vida en Cristo] nada podéis hacer» (Juan 15:5).

RESUMEN DE LAS PRINCIPALES DIFERENCIAS ENTRE LOS BUDISTAS Y LOS CRISTIANOS

En cuanto a Dios y Jesucristo: Los budistas niegan la existencia de un Dios personal o dicen que la existencia de Dios es irrelevante.[9] Los cristianos dicen que Dios es personal, omnisciente y omnipotente (ver Job 42:1-6; Salmo 115:3; Mateo 19:26). Los budistas identifican a Cristo como buen maestro, pero menos importante que Buda; los cristianos creen que Jesucristo es el único Hijo de Dios que murió por los pecados de la humanidad (ver Mateo 14:33; Juan 1:34; Romanos 5:6-8).

En cuanto al pecado y la salvación: Los budistas creen que el pecado es la lujuria que surge en la vida de la persona, y buscan librarse de los deseos lujuriosos mediante el esfuerzo propio o apelando para encontrar ayuda en los bodhisattvas;[10] los cristianos creen que el pecado es todo pensamiento, obra o deseo contrarios a la voluntad de Dios y que la salvación viene únicamente por medio de la fe en lo que Cristo ha hecho por nosotros (ver Hechos 4:12; Romanos 3:10, 23; Efesios 2:8-10). Por medio de la fe y la obra de gracia del Espíritu Santo, Dios transforma nuestros deseos para que cada vez sean más conformes a los deseos de Dios (ver Romanos 12:1-2).

PARTE TRES

LAS SECTAS, LAS RELIGIONES NUEVAS Y LO OCULTO

CAPÍTULO 6

¿DE DÓNDE SALIERON LAS SECTAS?

Antes de tratar sobre algunos de los movimientos sectarios en franco desacuerdo con el cristianismo bíblico, necesitamos definir a qué nos referimos con la palabra «secta». Esta era postmoderna que pone tanto énfasis en la tolerancia, ve el uso de tal etiqueta como demostración de insensibilidad en el mejor de los casos, y como insulto arrogante en el peor de ellos. Mencionar una secta evoca imágenes de locos con lavado de cerebro que llevan a cabo rituales extraños que a veces terminan con la muerte.

¿Es eso una secta? ¿Qué creen sus miembros? La palabra «secta» (del latín, secta) se define en el diccionario de la Real Academia Española como: «Conjunto de seguidores de una parcialidad religiosa o ideológica; Doctrina religiosa o ideológica que se diferencia e independiza de otra; Conjunto de creyentes en una doctrina particular o de fieles a una religión que el hablante considera falsa». A los ojos de la RAE, la secta es una organización que se opone a la ortodoxia. Cuando los cristianos hablan de sectas, hablan de grupos de quienes creen que no tienen «visión cristiana ortodoxa [bíblica]». Por ello, la etiqueta «secta» aquí, no tiene la intención de ser despectiva, sino sólo una forma semántica de reconocer la diferencia entre el cristianismo bíblico y las creencias que puedan tener determinados grupos.

De hecho, algunas sectas (los mormones, por ejemplo), podrán llamar «sectarios» a los cristianos bíblicos por su creencia en los credos que —en opinión de los mormones— se basan más en la filosofía griega que en las enseñanzas del Nuevo Testamento. El cristianismo primario era visto como secta por gran parte de los judíos en medio de cuya población surgió, y también por el gobierno romano, para quien los cristianos significaban ser un montón de rebeldes molestos que no querían ajustarse a la norma religiosa del primer siglo, y que representaban una seria amenaza a la paz y la tranquilidad.

El fallecido Walter Martin, quien se dedicó más de 30 años a la investigación de las sectas y trabajó con personas que pertenecían a sectas, define a estos grupos como «contradictorios al cristianismo ortodoxo» en sus doctrinas, aunque afirmen rastrear sus orígenes a fuentes ortodoxas y hasta puedan estar en armonía con algunas de estas fuentes.[1] Otra de las características típicas de la secta, dice Martin, es que «es un grupo de personas que se reúne en derredor de una persona específica o de la interpretación errónea de la Biblia, dada por una persona».[2] Entre los ejemplos obvios, están los Testigos de Jehová, que comenzaron con Charles Taze Russell; los mormones, que responden a Joseph Smith como fundador y primer profeta; y la ciencia cristiana o cienciología, que sigue las enseñanzas de Mary Baker Eddy.

Cinco características principales de las sectas

Hay diversas características comunes a la mayoría de las sectas. La primera es que niegan la Trinidad; es decir, que no creen en

Jesucristo como Dios. Las sectas pueden decir cosas buenas sobre Jesús y asignarle determinada posición de importancia, aunque casi siempre atacan o subestiman la verdadera deidad bíblica de Jesucristo, rebajándolo al nivel de hombre o elevando al hombre al nivel de Jesucristo.

En segundo lugar, las sectas suelen creer que todas las iglesias cristianas están equivocadas, y que su grupo tiene la única verdad real sobre Dios.

En tercer lugar, afirman creer en la Biblia, pero distorsionan sus enseñanzas para ajustarlas a su particular visión de la humanidad, Dios, el Espíritu Santo, el cielo y el infierno, la salvación y muchas otras doctrinas. Por lo general, encuentran la fuente de estas creencias peculiares en sus líderes, que afirman tener nuevas interpretaciones de la Biblia o hasta le efectúan valiosos agregados.

El cuarto punto es que todas las sectas niegan que las personas puedan ser salvas a través de la fe en Cristo solamente. Enseñan a sus miembros que pueden estar bien ante los ojos de Dios por medio de buenas obras y a través de la obediencia a las doctrinas y requerimientos que la secta establece como «voluntad de Dios» para sus vidas.

Por último, las sectas son muy hábiles para utilizar la terminología cristiana, aunque no hablan el mismo idioma que los cristianos bíblicos. Cuídese de la barrera semántica. Las palabras comúnmente entendidas como «Dios», «Cristo», «fe», «pecado», «salvación», etc. significan cosas totalmente diferentes para el sectario y el cristiano. La primera tarea entonces, al compartir su fe con alguien que parece tener ideas diferentes, consistirá en definir términos.

¿POR QUÉ CRECEN TAN RÁPIDAMENTE LAS SECTAS?

Si las sectas enseñan errores y herejía, ¿por qué crecen tan rápido muchas de ellas? Una de las principales razones es que las sectas ofrecen respuestas a necesidades humanas que las iglesias cristianas no brindan. Hay gente que creció como bautista, presbiteriano, metodista, entre otras denominaciones, y termina en una secta porque ésta parece ofrecer soluciones prácticas a problemas como la soledad, el vacío espiritual y el deseo de encontrar un modo de agradar a Dios sirviéndole con fidelidad.

Lo que las sectas ofrecen es una salvación falsa, no importa cuán real parezca ser durante un tiempo. La comunidad en muchas sectas es condicional; es decir, que hay que avenirse. Si uno expresa la más pequeña desviación en doctrina, por lo general, será rechazado, apartado y hasta expulsado. También, hay que trabajar duro en una secta. Mantener el ritmo de todos los esfuerzos que se esperan de uno puede agotar a la persona, si no es físicamente, entonces mental, emocional y espiritualmente. En lo profundo de su ser y a pesar de que la gente en la secta insiste en que Dios necesita «ver nuestro esfuerzo» para asegurar la salvación real, siempre está la duda punzante de que las obras nunca se terminan, de que no podemos hacer (o ser) todo lo que la secta dice que Dios exige.

Las siguientes presentaciones tienen por intención presentar solamente el pensamiento de diversas sectas que operan en el mundo de hoy. Sus distintas perspectivas van desde el ataque frontal más abiertamente opuesto al cristianismo, a la más sutil de las semánticas en juego para que parezcan cristianos sinceros, genuinos. Hay sectas raras y hasta chocantes. Y otras son mortales para el espíritu, la mente y hasta el cuerpo.

Conforme aprenda sobre estos grupos, recuerde que su primera línea de defensa en contra de sus trampas y atractivos es conocer la Palabra de Dios y poder «poner a prueba todas las cosas» mediante la verdad bíblica (ver 1 Tesalonicenses 5:21,22; 2 Timoteo 2:4-16). Únicamente al conocer la diferencia real entre lo que cree usted y lo que creen determinadas sectas podrás llegar a ellos con la plena y satisfactoria verdad y poder del evangelio.

Sin embargo, no se quede nada más en el conocimiento de la Palabra *escrita*. Necesita conocer también la Palabra *viviente*. Confiar solamente en Cristo para la salvación es un buen comienzo, y conocer a Cristo como amigo y auxiliador le motivará a hacer buenas obras –no para ganar o asegurar su salvación, sino para vivir lo que surge desde dentro– amor por Dios y por el prójimo, por lo que Cristo ha hecho por usted.

Como dijo el Rey Salomón: «¿Qué es lo que fue? Lo mismo que será. ¿Qué es lo que ha sido hecho? Lo mismo que se hará; y nada hay nuevo debajo del sol ¿que es lo que fue? Lo mismo que será. ¿Qué es lo que ha sido hecho? Lo mismo que se hará; y nada hay nuevo debajo del sol» (Eclesiastés 1:9). En el caso de las sectas de hoy, no hay herejía que no hayan inventado (o reinventado). Como ejemplo clave, no hay mejor lugar para comenzar que con los Testigos de Jehová, que abierta y fervorosamente enseñan que Cristo es un ser creado indigno de ser llamado «Dios».

CAPÍTULO 7

LOS TESTIGOS DE JEHOVÁ

NO EXISTE EL INFIERNO... EL ESFUERZO NOS HACE GANAR «EL PARAÍSO»

Golpee cualquier puerta en los EE.UU. y en muchos otros países del mundo, y tendrá excelentes posibilidades de que los Testigos de Jehová ya hayan estado allí antes que usted. Por sobre todas las cosas, los Testigos de Jehová, (que a partir de este momento mencionaremos como TJ) son reconocidos por su programa de testimonio puerta a puerta, que llevan a cabo con persistencia. Son un serio desafío a los cristianos, por diversas razones.

Los TJ siguen creciendo a pasos agigantados. A comienzos de la década de 1980, los TJ afirmaban tener medio millón de miembros en los EE.UU., y más de 2.25 millones en todo el mundo. Según su informe de 1998, los TJ afirmaban tener entonces más de un millón de miembros en los EE.UU. y un total apenas menor de 5,900,000 en 233 países del mundo entero.[1]

La cantidad de tiempo que los TJ pasan «predicando» (yendo de puerta en puerta, o apostados frente a restaurantes y lugares públicos, repartiendo literatura) es asombroso. En 1998, los TJ pasaron casi 183,000,000 de horas predicando únicamente en los EE.UU. La cantidad total de horas en todo el mundo sumaría casi a 1.2 mil millones. Además, los TJ realizaron 4.3 millones de estudios bíblicos para quienes demostraran interés en sus doctrinas.[2]

Con el nombre oficial de The Watchtower Bible and Tract Society (Sociedad de Folletos y Biblia del Atalaya), los TJ arman a sus miembros con la palabra impresa en cantidades increíbles. En 1997, la circulación de su revista quincenal *¡Despertad!*, diseñada para atraer y despertar la curiosidad de los que no son miembros, llegó a las 18 millones de copias en 80 idiomas; *La Atalaya*, una revista quincenal diseñada para instruir a los miembros de la sociedad en la doctrina y la práctica, alcanzó un total de casi 21 millones de copias en 126 lenguajes.

Los esfuerzos y herramientas de los TJ están diseñados para oponer y contradecir las doctrinas y enseñanzas bíblicas, y para torcer las Escrituras de manera que logran que la Biblia encaje en una teología preconcebida que simplemente no contiene ni enseña. Una de las herramientas principales de los TJ es la propia versión de la Biblia de la Sociedad Watchtower, *Traducción del Nuevo Mundo de las Santas Escrituras,* llena de errores de traducción diseñados para probar las doctrinas de los TJ.

Los TJ están totalmente convencidos, desde la central de la Sociedad Watchtower, de que todo quien esté en desacuerdo con ellos —y en particular los cristianos bíblicos— no solamente están equivocados, sino que son enemigos mortales, que finalmente serán destruidos por Jehová en la gran batalla de Armagedón, aún por venir.

Los TJ están estrictamente controlados por la central de Watchtower, y constantemente se les dice que no pueden de ninguna manera interpretar la Biblia por sí mismos; deben evitar el pensamiento independiente; jamás deben cuestionar las directivas y consejos dados por la Watchtower.[3]

CHARLES TAZE RUSSELL:
CÓMO TODO COMENZÓ

Las raíces de los TJ están en Charles Taze Russell (1852-1916), quien –cuando era todavía adolescente– rechazó muchas de las cosas que se enseñaban en su iglesia congregacional, y en particular las doctrinas del infierno y la Trinidad, que le parecían poco razonables. Durante un tiempo, el adolescente Russell fue escéptico aunque pronto recibió influencias de enseñanzas adventistas que le aseguraban que no había castigo eterno porque los malvados serían aniquilados. Recuperó la fe en las Escrituras, aunque siguió desconfiando totalmente de toda iglesia y denominación.

Para cuando cumplió los 18 años, Russell formó su propio estudio bíblico y comenzó a desarrollar su propio sistema de teología, poniendo énfasis en la segunda venida de Cristo, que muchos adventistas predecían para 1874. Pero cuando no sucedió, Russell nuevamente recibió influencias de algunos adventistas que decidieron que la venida de Cristo había sucedido «de manera espiritual e invisible» en 1874.[4]

En 1879, Russell se separó de los adventistas y lanzó su propia revista, que eventualmente se conoció como *La Atalaya*. Financiando la revista y la difusión de su movimiento con sus ingresos personales provenientes de su redituable negocio de ropa para hombres, Russell estableció que 1914 sería el año de la batalla de Armagedón, cuando Dios destruiría a todos los gobiernos de la tierra, terminarían los «tiempos gentiles», y establecería su reino.

Para 1896, Russell había fundado la Watchtower Bible and Tract Society [Sociedad de Folletos y Biblia del Atalaya]. En 1908, mudó su sede central de Pennsylvania a la ciudad de Nueva York, y pronto la WTBTS fue propietaria de manzanas enteras en Brooklyn. La sede de la Sociedad Watchtower sigue en Brooklyn hoy, donde poseen una enorme y moderna imprenta, un edificio de departamentos, oficinas, una escuela bíblica y otras empresas.[5]

Russell nunca tuvo capacitación teológica formal, y su tempestuosa carrera incluyó su presentación en los tribunales en 1912, por perjurio. Afirmaba saber el alfabeto griego, pero cuando se le puso a prueba, no supo leer las letras griegas.[6] Aún así, escribió una serie de seis libros llamada *Estudios de las Escrituras*, que describió como «prácticamente, la misma Biblia».[7]

Cuando estalló la Primera Guerra Mundial en 1914, Russell afirmó que era «el comienzo del Armagedón». Sin embargo, el Armagedón no sucedió ese año, ni al año siguiente. Russell murió en 1916, como fallido profeta de la Watchtower (Atalaya), aunque no el último. A continuación, un resumen de la historia de los TJ a partir de 1916, presenta los intentos de la Sociedad Watchtower y sus líderes, por predecir el fin del mundo.

RUTHERFORD ESTABLECE NUEVA FECHA PARA EL ARMAGEDÓN

En 1917, Joseph F. Rutherford, un abogado que oficiaba de asesor legal para la WTBTS, fue nombrado presidente de la sociedad. Figura carismática y dominante, Rutherford instituyó muchos cambios que aislaron a algunos de los otros líderes de la sociedad. Afirmó que 1925 sería la nueva fecha para el Armagedón, y esto fue difundido ampliamente en toda la nación, especialmente en *La Atalaya,* como proveniente no del hombre, sino de Dios, «absoluta e incuestionablemente cierto».[8]

Cuando llegó y pasó 1925, y no hubo Armagedón, la WTBTS y Rutherford retiraron su predicción, diciendo que había sido «malentendido» por los fieles de los TJ que «erróneamente» habían anticipado el final, que no era lo que el Señor había dicho.

Sin embargo, la debacle de 1925 no hizo que Rutherford sintiera pudor alguno, y continuó adelante. En 1931, promovió la adopción de un nuevo nombre para la sociedad: Los Testigos de Jehová, basándose en Isaías 43:10: «vosotros sois mis testigos, dice Jehová».[9] Uno de los principales motivos de Rutherford para adoptar el nombre de Testigos de Jehová era evitar confusión entre la WTBTS y ciertos grupos derivados, como la Dawn Bible Students Association, que había sido formada por ex miembros desencantados que habían abandonado la WTBTS a causa de las políticas de dominación de Rutherford.

Otra de las innovaciones de Rutherford fue el programa de visita puerta a puerta por el que son tan conocidos los TJ. Como presidente de la WTBTS, uno de los objetivos principales de Rutherford era aumentar la cantidad de miembros de la sociedad, lo cual intentó lograr difundiendo el mensaje de que solamente 144,000 personas entrarían al cielo.[10] En la década de 1920, los TJ predicaban este mensaje de puerta en puerta, pero cuando llegaron los años de la década del 1930, Rutherford y la Sociedad Watchtower tuvieron un problema serio. Llegaban muchos adherentes, todavía no sucedía el Armagedón, y pronto serían más de 144,000 los miembros de la organización.

Entonces, Rutherford anunció que quien se convirtiera en TJ antes de 1935 iría al cielo (el «pequeño rebaño»), en tanto que todos los que se convirtieran en TJ después de 1935, estarían en la «gran multitud», que no entraría el cielo, sino que podía vivir con la esperanza de vivir en la Tierra en un nuevo paraíso después de Armagedón y el Milenio.[11]

A fines de la década de 1930, Rutherford seguía siendo conocido por sus denuncias en contra del cristianismo tradicional, y los TJ seguían creciendo en cantidad e influencia. Aunque ya no se dieron nuevas fechas, Rutherford y la revista *La Atalaya* seguían diciendo que «pronto vendría» el Armagedón. La WTBTS predijo que 1940 sería «el año más importante». Y en 1941, mencionaron que «quedaban pocos meses antes del Armagedón».[12]

Cuando Rutherford murió en 1942, todavía no había llegado el Armagedón. El siguiente presidente de la Watchtower, Nathan Knorr (1905-1977), era de madera distinta a la de Rutherford o Russell. Knorr era casi reticente, y había tenido bajo perfil. Cambió la política de Watchtower e hizo que sus libros y otras publicaciones fueran anónimos.

En 1943, la WTBTS publicó un libro titulado *The Truth Shall Make You Free* [La verdad os hará libres], que fue el primer paso en el surgimiento de un nuevo sistema de fechas que enseñaba que Jesús no había regresado de manera invisible en 1874, como había enseñado Russell. La nueva revelación de la Watchtower enseñaba que Cristo había vuelto de manera invisible en 1914; y que de acuerdo con Mateo 24:34, la generación que había vivido en 1914 no «pasaría» antes de que ocurriera el Armagedón.

Sin embargo, cuando pasaron los años y no hubo Armagedón, Knorr y la Watchtower debieron cambiar un poco la idea de los 6,000 años de historia originalmente enseñada por Charles Russell. Según Russell, los 6,000 años debían haber terminado en la década de 1870 con el regreso de Cristo, seguido del Armagedón. Cuando esto no sucedió, Russell revisó su pensamiento para decir que Cristo había regresado de manera invisible, y que los 6,000 años de historia humana acabarían en 1914. El nuevo sistema instalado durante la presidencia de Knorr enseñaba que la más tardía fecha –y, por cierto, «absolutamente final»– para el Armagedón sería 1975.[13]

Esto daba mucho lugar para que los TJ vivos en 1914 siguieran vivos cuando llegara el Armagedón, cumpliendo con la interpretación de la Watchtower de Mateo 24:34: «De cierto os digo, que no pasará esta generación hasta que todo esto acontezca».

Y así, a fines de la década de 1960 y comienzos de la de 1970, los líderes de la Watchtower utilizaron la misma estrategia de los años del 1940, en que urgían a los TJ a no casarse ni tener hijos. Hasta les pedían que dejaran sus estudios o carreras profesionales para poder pasar su tiempo trabajando por la WTBTS en los pocos años y meses que quedaban antes «del final».[14]

Llegó el año 1975, pero no el Armagedón. Aunque Knorr pasó a ser un profeta fallido como Rutherford y Russell, su presidencia se destacó igualmente por el fuerte énfasis en la educación y capacitación, y por el aumento del trabajo de misión mundial y el evangelismo individual. Se escribieron y publicaron muchos libros de texto y enseñanza doctrinaria de los TJ durante este período, además de la «traducción» de la Biblia de los TJ, Traducción del Nuevo

Mundo de las Santas Escrituras. A pesar de los reveses de 1975 y las deserciones en masa cuando Knorr murió en 1977, había todavía más de dos millones de TJ activos en el mundo.

En 1977, Frederick Franz (1893-1992), el vicepresidente de la Watchtower, sucedió a Knorr como presidente. Considerado como el erudito en materia hebrea más destacado de la Watchtower, Franz sufrió el mismo destino que Russell en los tribunales. En el caso de Franz, debió confesar que no podía traducir un sencillo versículo de la Biblia (Génesis 2:4) de vuelta al hebreo, aunque afirmaba conocer el griego, el hebreo y muchos otros idiomas.[15]

La vergüenza de Franz frente al tribunal por su desconocimiento del hebreo sucedió unos 20 años antes de que fuera nombrado presidente, y el incidente cayó en el olvido (o ni siquiera se dio a conocer) entre los TJ en su mayoría. Franz pudo guiar a la Watchtower por las aguas tormentosas que resultaron de la fallida profecía de 1975. Una vez más, se les dijo a los TJ que habían «malinterpretado las cosas», en cuanto a todas las afirmaciones efectuadas en las publicaciones de la Watchtower o *La Atalaya*, y que erróneamente habían pensado que la cronología de la Biblia enseñaba una «fecha específica».[16]

Mientras fue presidente, Franz se abstuvo de dar fechas específicas, aunque firmemente enseñó que las personas vivas durante 1914 definitivamente vivirían también el Armagedón. Fran murió en 1992 a los 99 años, y los TJ ya estaban quedándose sin tiempo y sin gente que hubiera vivido en 1914. Sin embargo, resolvieron el problema a través del sucesor de Franz, Milton G. Henschel, de 72 años. En noviembre de 1995, Henschel descartó por completo la profecía de la gente viva en 1914, produciendo más «nueva luz», (un término favorito de los TJ, para explicar sus muchos cambios en doctrina y enseñanzas). Un artículo de la revista *La Atalaya* explicaba que la palabra «generación» nada tenía que ver con las personas vivas en 1914. Ahora, se aplicaba simplemente a todas las personas de la tierra, en toda generación, que verían las señales de la venida de Cristo, pero «que no se enmendarían en su conducta».[17]

De esta manera, la posición sostenida por la WTBTS durante 80 años fue demolida por completo, y reemplazada por una perspectiva más flexible que afirmaba que cualquiera que viviera en el «malvado sistema de nuestros días», o en un sistema igual cientos de años en el futuro, podría estar en la generación que vería el Armagedón. Al mismo tiempo, los eruditos de la Watchtower aseguraban al mundo que numerosas condenas bíblicas en cuanto a los falsos profetas no se aplicaban a ellos.[18] A pesar de los repetidos fracasos de sus profecías, que no se cumplieron, los TJ insisten con vehemencia que jamás han hecho falsas profecías.

En 1943, un número de la revista *La Atalaya* afirmaba que es Dios quien interpreta las profecías, y Jesucristo luego las proclama a los líderes de la Watchtower, que se remiten a publicar lo que se les ha dicho. Y por otra parte, los líderes de la Watchtower han dicho que están «profundamente agradecidos de que le placiera a Dios utilizarlos» *como profetas suyos*.

Todo este ir y venir de ideas contradictorias y profecías incumplidas, está registrado en la revista *La Atalaya*.[19]

La teología de Russell se sigue utilizando

Aunque los TJ admiten que Russell fue el fundador de la Sociedad Watchtower, intentan distanciarse de su teología y enseñanzas, aún afirmando en una edición de *¡Despertad!* que no lo citan como autoridad, ni publican sus escritos.[20] La verdad es que hoy la WTBTS sigue operando sobre los mismos fundamentos de la teología preconcebida por Russell, negando la Trinidad, la deidad y resurrección física de Cristo, la deidad y personalidad del Espíritu Santo, el infierno como lugar de castigo eterno, además de enseñar que todas las demás religiones, en especial la cristiandad en general, están destinadas a extinguirse, y que solamente los TJ tienen la verdad.[21]

Russell creía firmemente en la razón, buscando la lógica en la Biblia. En lugar de ir a la Biblia para razonar lo que decían las

Escrituras, trajo sus propias ideas preconcebidas a la Biblia, y luego torció y reacomodó la Palabra para que se ajustara a su propia teología. En las páginas que siguen, examinaremos tres de las enseñanzas más heréticas de Russell, que siguen enseñando los TJ de hoy.

LOS TESTIGOS DE JEHOVÁ NIEGAN LA TRINIDAD

Los TJ niegan la doctrina de la Trinidad, llamándola un insulto a «la inteligencia y raciocinio que Dios nos dio». Y como Dios no es un Dios de confusión (ver 1 Corintios 14:33), razonan que él jamás sería autor de una doctrina tan confusa. Es Satanás, en cambio, quien la creó.[22]

A los TJ les gusta señalar que la palabra «Trinidad» no figura en la Biblia, y esto le agrega naturaleza «no bíblica» al término. La respuesta obvia es que la palabra «Biblia» tampoco aparece en las Escrituras. Ni la palabra «teocracia» (un término favorito de los TJ, para hablar de la autoridad de Dios) Sin embargo, el punto es que el *concepto* de la Trinidad está definido en la Biblia. La doctrina no enseña que hay tres Dioses en uno, ni que «Dios tiene tres cabezas», típicas interpretaciones erróneas de la Trinidad, sostenidas por los TJ.

Una de las preguntas favoritas que deben formular los TJ, según se les ha entrenado a hacer, cuando llaman a la puerta es: «¿Quién gobernó el mundo durante los tres días en que Jesús estuvo muerto y sepultado?» A causa de que el concepto de la muerte para los TJ es la aniquilación, razonan que si Jesús era Dios cuando murió, entonces Dios tenía que haber muerto también, y que por ello no había nadie en el cielo que echara un ojo a la tienda aquí debajo. La respuesta bíblica a tan infantil pregunta es: «Dios». Aunque el cuerpo de Jesús murió, Él seguía existiendo, y el Dios trino y uno seguía gobernando el universo».[23]

El cristianismo bíblico siempre ha enseñado que el Dios eterno existe en tres personas coexistentes e iguales: Padre, Hijo y Espíritu

Santo. Las tres tienen la misma naturaleza (esencia) divina, y por ello existen como único ser divino.[24]

En el Antiguo Testamento, las referencias a la Trinidad incluyen Génesis 1:26, donde Jehová habla en plural, diciendo: «Hagamos al hombre a nuestra imagen, conforme a *nuestra* semejanza» (palabras destacadas por el autor, ver también Génesis 11:7; Isaías 6:8). Aunque el Antiguo Testamento sugiere pluralidad en la Deidad, el Nuevo Testamento la afirma con toda claridad. Tres personas divinas y distintas en la Trinidad se mencionan específicamente en Juan 14:26; 15:26; 2 Corintios 13:14; y 1 Pedro 1:2.

LOS TESTIGOS DE JEHOVÁ NIEGAN LA DEIDAD DE CRISTO

Es natural que al negar la Trinidad, los TJ nieguen la deidad de Cristo. No es que no le den «honor» a Cristo. Eso sí lo hacen, aunque lo maldicen con vaga alabanza. De hecho, los TJ enseñan un tipo de politeísmo con su doctrina de «dos dioses». Dicen que Jehová es el Dios Todopoderoso que creó a Jesús. Entonces Jesús, el *dios poderoso*, creó todo lo demás. Básicamente, es la misma perspectiva sostenida por uno de los primeros grandes herejes de la Iglesia –Arius– quien causó el Concilio de Nicea en el año 325 d. C. Arius era asistente de un pastor en la iglesia de Alejandría, y también afirmaba que Cristo era criatura creada. Sus ideas se hicieron muy populares porque utilizaba métodos coloridos y fáciles de entender para enseñar herejías, como lo hacen los TJ hoy día.

Siguiendo las enseñanzas de Charles Russell, los TJ dicen que Jesucristo había sido el arcángel Miguel en el cielo antes de venir a la Tierra. Miguel supuestamente renuncio a sus características «divinas» y se quedó solamente con la «fuerza de vida». Jehová entonces puso la «fuerza de vida» de Miguel en el vientre de la virgen María para que Jesús naciera como ser humano.[25] Los TJ dicen que, mientras estuvo en la tierra, Jesús fue un hombre perfecto, pero nada más que eso. Después de morir en la Cruz, su humanidad fue aniquilada;

y luego resucitó como espíritu inmortal que volvió al cielo y se convirtió nuevamente en el arcángel Miguel.[26]

Los TJ tuercen la frase de las Escrituras «Hijo unigénito de Dios» (ver Juan 1:14, 18; 3:16,18) afirmando que Jesús fue «el primer y único ser creado directamente por Jehová». También tuercen la referencia a Jesús como «Verbo» o «Logos» (ver Juan 1:1,14), como quien simplemente es el que «habla por Jehová», es decir, como un gerente superior. Con este tipo de distorsión de las Escrituras, los TJ intentan «probar» que se podría llamar a Jesús «dios poderoso», pero que no era Dios Todopoderoso, el mismo Jehová.[27]

Dos ejemplos destacados de los pasajes torcidos por los TJ para «probar» que Jesús fue un ser creado son Juan 1:1-5 y Colosenses 1:15-19.

En cualquier traducción reconocida del griego, Juan 1:1 afirma con claridad: «En el principio era el Verbo, y el Verbo era con Dios, y el Verbo era Dios». Sin embargo, en la Traducción del Nuevo Mundo de los TJ, dice: «En [el] principio la Palabra era, y la Palabra estaba con Dios, y la Palabra *era un dios*» (Frase destacada por el autor).[28] Muchos eruditos del griego, en particular el eminente Dr. Julius R. Mantey, han refutado la versión de Juan 1:1 del Nuevo Mundo de los TJ. En una entrevista con el Dr. Walter Martin, el Dr. Mantey atestiguó que los traductores de los TJ habían citado mal sus palabras en un intento por torcer el significado de lo que la Biblia dice en griego.[29]

Si bien las reglas gramaticales del griego permitirían la inserción de un artículo indefinido delante de la palabra «dios» (algo que argumentan los TJ), el contexto del pasaje enseña claramente que Jesús es igual a Dios y no «un dios». Juan 1:3 establece: «Todas las cosas por él fueron hechas, y, sin él, nada de lo que ha sido hecho, fue hecho». Esto indica con claridad que el Verbo, la Palabra, (Jesús) es el Creador *de todo*. ¿Cómo podría ser Él el Creador de todo, si había sido creado?[30]

La Traducción del Nuevo Mundo también malinterpreta Colosenses 1:15-20, al describir a Jesús no como «primogénito de toda creación», término que demuestra su preeminencia, sino como «primera creación» de Dios. Colosenses 1:16 dice entonces que Jesús es El Preeminente, porque «todo fue creado por medio de Él». La traducción de los TJ inserta la palabra «otras» en este pasaje, en diversos lugares para que parezca que Jesús fue creado primero por Dios, y que luego Él creó «todas las otras cosas». El problema es, por supuesto, que la palabra «otras» simplemente no aparece en el texto griego.[31]

Los Testigos de Jehová niegan la resurrección física de Jesús

En cuanto a la resurrección de Jesús, los TJ insisten en que Jesús no resucitó físicamente de entre los muertos, sino sólo como espíritu que se veía como si fuera físico.[32]

Su teología no deja lugar a la existencia del espíritu, separado del cuerpo después de la muerte. Los TJ enseñan que Jehová no resucita cuerpos, sino que los «recrea». La forma que los discípulos vieron después de la resurrección era «el cuerpo recreado» de Jesús. Según el razonamiento de los TJ, como el cuerpo y el alma de la persona (que son una sola cosa (han sido aniquilados en el momento de la muerte, Dios debe recrear el «patrón de vida» de la persona, y puede hacerlo fácilmente recuperando ese patrón de vida de su memoria.[33]

Una de las respuestas usuales a la insistencia de los TJ en cuanto a que Jesús no resucitó físicamente de entre los muertos, es citar Lucas 24:36-43. Luego de su resurrección, Jesús apareció ante sus discípulos, que se asustaron pensando que veían un fantasma. Jesús les pidió que lo tocaran y vieran que tenía carne y hueso. Luego, para mayor demostración, comió un poco de pescado.

Lo que los TJ responden ante este pasaje de las Escrituras es que el cuerpo que los discípulos vieron y tocaron no era el mismo cuerpo que había sido crucificado y sepultado. En cambio, Él había «materializado» la apariencia de un cuerpo, como los ángeles lo

habían hecho en el pasado al aparecer ante los humanos. Su supuesto razonamiento para hacer esto era «fortalecer la fe de sus discípulos». La pregunta obvia es por qué buscaría Jesús fortalecer la fe de
sus discípulos por medio de un disfraz, una mentira.[34]

LOS TESTIGOS DE JEHOVÁ NIEGAN QUE EL ESPÍRITU SANTO SEA DIOS

Siguiendo con su altamente cuestionable lógica, los TJ afirman que
el Espíritu Santo no es Dios. La WTBTS enseña que el Espíritu
Santo es «una fuerza o acto invisible» que Dios usa para inspirar a sus
siervos (los TJ) para que hagan su voluntad. Según la Watchtower,
el «espíritu santo» es como la electricidad.[35]

Para ver sólo algunas referencias que claramente atribuyen características personales al Espíritu Santo, ver Hechos 13:2, Romanos
8;14,26,27; 1 Corintios 12:11; Hebreos 3:7 y Apocalipsis 2:7.[36]

LOS TESTIGOS DE JEHOVÁ NIEGAN LA PLENA PROPICIACIÓN DE CRISTO

Muchos cristianos quizá sepan que los TJ «se esfuerzan por llegar al
cielo», aunque quizá no entiendan que los TJ le dan crédito a Cristo
por darles la oportunidad de hacerlo. Hasta podemos encontrar
escritos de la Watchtower que dicen que la salvación es «de gracia»,
otorgada por Jehová. Sin embargo, en ninguna parte encontraremos
nada que diga que la salvación es por la fe en Cristo solamente, una
doctrina esencial y cardinal que se enseña a lo largo de todo el
Nuevo Testamento (ver Juan 5:24; 11:25; 20:31; Romanos
3:24,25; 10:9,10).[37]

Los TJ también dicen que Cristo es «el pago de rescate a Dios
por el pecado de Adán», aunque al decir esto quieren transmitir que
Cristo (Miguel, el Arcángel, con forma humana y no igual a Dios),

era algo así como un pago justo por el pecado de Adán. Jesús —el humano perfecto— fue la redención del pecado de Adán, y al ser eso, hizo que fuera posible que toda la humanidad fuera salva. ¿Cómo se salva entonces la humanidad? Por medio de las obras y la perfecta obediencia a Jehová; es decir, con hacer y ser exactamente lo que enseña la WTBTS.[38]

Ser TJ significa constantemente intentar la afirmación de la propia salvación, aunque esta «salvación» no incluya ir al cielo. Solamente 144,000 TJ lo lograrán, y sus filas se cerraron hace ya décadas. Lo que los TJ buscan lograr con su esfuerzo ahora es un lugar en un paraíso terrenal donde tendrán vida eterna, aunque no en presencia de un amoroso Jehová Dios. En cambio, serán gobernados por Cristo, y los 144,000 ungidos que permanezcan en el cielo por toda la eternidad para disfrutar de la inmortalidad servirán como coherederos y gobernantes de la gloriosa teocracia de Jehová.

LOS DÍAS POSTREROS SEGÚN LA WATCHTOWER

Los TJ tienen una elaborada doctrina respecto de los días postreros, el Milenio y el Juicio Final, que incluye la destrucción del 99.9% de la humanidad durante el Armagedón.[39] Según la Watchtower, durante el Milenio la tierra será repoblada con los fieles TJ que sobrevivan al Armagedón, sumados a miles de millones de personas «resucitadas» (recreadas a partir del banco de memoria de Jehová).[40]

Durante el Milenio, los que estén en a tierra conocerán la verdad (como la ven los TJ) y serán constantemente evaluados por su fidelidad a Jehová. Al finalizar los 1,000 años, habrá una prueba final en la que Satanás y sus demonios son soltados del abismo donde han estado prisioneros. Podrán desafiar a Jehová y tentar a su pueblo. Todos los que permanezcan fieles disfrutarán de vida eterna en una Tierra de paraíso. Sin embargo, otros se desviarán y sufrirán un destino final y horrible cuando Jehová los arroje en un lago de fuego para ser aniquilados (borrados para siempre de toda existencia).[41]

CÓMO RESPONDER A LOS TESTIGOS DE JEHOVÁ CON AMOR

Que el escenario que los TJ enseñan sobre los días postreros no está en la Biblia, no les es impedimento alguno. Creen que está allí porque la Watchtower les ha convencido de ello. Siguen malinterpretando las Escrituras mientras van de puerta en puerta, advirtiendo sobre los peligros del Armagedón y atacando todas las doctrinas bíblicas. Siguen teniendo éxito en atraer a gente incauta y sin conocimientos, y engrosan sus filas poniendo énfasis especial en reclutar a los millones de cristianos profesos que quizá no tengan conocimiento de la Biblia.

Cuando uno mira la agenda semanal de los TJ, es fácil entender por qué son tan efectivos en compartir y defender su fe. Todo Salón del Reino (el modo en que los TJ llaman a sus templos o edificios), tiene cinco reuniones a la semana, y se espera que asistan todos los miembros de la congregación. Los domingos está la Charla Pública, seguida del Estudio de *La Atalaya*. Se ofrece Escuela del Ministerio Teocrático una noche a la semana, seguida de una Reunión de Servicio. Además, todo TJ debe asistir a un estudio semanal, y después hacer «trabajo de campo», que es ir de puerta en puerta o dar testimonio en las esquinas de la ciudad.[42]

El fallecido Walter Martin, quien escribió y habló extensamente para combatir las falsas enseñanzas de la Watchtower, observó que el TJ promedio «puede causarle indecibles problemas al cristiano promedio», salpicando la conversación con términos griegos o hebreos, al repetir las Escrituras fuera de contexto.[43]

Martin luego dice que todo cristiano debe estar absolutamente seguro de lo que la Biblia enseña respecto de la Trinidad, la deidad y resurrección de Jesús, el Espíritu Santo y la salvación por medio de la gracia y no de las buenas obras. Si quiere responder (o dar testimonio) a los TJ que vienen a tocar su puerta, necesita estos conocimientos básicos de la Biblia para dar una razón para la esperanza que usted tiene dentro (ver 1 Pedro 3:15). Por sobre todas las cosas, necesita saber en su corazón –y no solamente con la «razón»– que Cristo es de veras Dios, y que él murió por nuestros pecados y resucitó al tercer día según las Escrituras.

RESUMEN DE LAS PRINCIPALES DIFERENCIAS ENTRE LOS TESTIGOS DE JEHOVÁ Y LOS CRISTIANOS

En cuanto a la autoridad: Los TJ no pueden pensar independientemente,[44] y deben adherirse absolutamente a las decisiones e interpretación de las escrituras que dé la Sociedad Watchtower.[45] Los cristianos dependen de la guía del Espíritu Santo para leer las Escrituras y aprender a obedecer a Dios y no a los hombres (ver Hechos 5:29; 17:11; 1 Juan 2:26,27).

En cuanto a la Trinidad, la deidad de Cristo y la resurrección: A los TJ les resulta difícil adorar a «un dios de tres cabezas».[46] A Jesús lo llaman «un dios poderoso», pero no el Todopoderoso Dios Jehová.[47] Dicen que Jesús resucitó de la tumba «no como ser humano, sino como espíritu».[48] Los cristianos creen que Dios es tres Personas iguales y coeternas que existen como un mismo Ser divino (ver Mateo 3:13-17; 2 Corintios 13:14).[49] Cristo es divino, la segunda persona de la Trinidad, e igual al Padre y el Espíritu Santo (ver Juan 1:1; Colosenses 1:15-19; Filipenses 2:5-11). Cristo resucitó físicamente de la tumba, sus discípulos lo tocaron. y Jesús comió delante de ellos (ver Juan 20:24-29; Lucas 24:26-43).

En cuanto a la salvación: Los TJ dicen que la muerte de Cristo brinda la oportunidad para que los hombres y mujeres trabajen por su salvación.[50] Los cristianos creen que la muerte de Cristo pagó plenamente por todos los pecados de la humanidad y que los creyentes son justificados gratis, libremente, por gracia de Dios, a través de la redención de Cristo (ver Romanos 3:24,25; 5:12-19; 1 Pedro 2:24).

En cuanto al regreso de Cristo y la inmortalidad del hombre:
Los TJ creen que Cristo volvió a la Tierra en forma invisible en
1914, y que ahora gobierna desde el cielo, «ya no más visible a la
vista humana».[51] Afirman que el ser humano no tiene un alma
inmortal;[52] y que al morir el espíritu del ser humano (la fuerza de
vida), sale y «ya no existe».[53] Los cristianos creen que Cristo volverá a
la Tierra física, visible y audiblemente (ver 1 Tesalonicenses 4:1-17),
y que los seres humanos tenemos alma eterna, inmortal (es decir,
espíritu), que al morir o va con Cristo (ver Lucas 23:46; 2 Corintios
5:8; Filipenses 1:22, 23) o espera ser juzgada (ver Juan 5:24-30).

CAPÍTULO 8

LOS MORMONES

EL HOMBRE PUEDE LLEGAR A SER LO QUE ES DIOS

La secta de mayor éxito y más rápido crecimiento en EE.UU. y quizá en el mundo entero es la de los mormones, conocidos oficialmente como Iglesia de Jesucristo de los Santos de los Últimos Días (IJS). Con un ritmo de crecimiento promedio de unos 300,000 conversos al año (de los cuales casi un 75% provienen del protestantismo), la membresía de la Iglesia de los Mormones alcanzó los 10.6 millones en todo el mundo en 1999.[1]

En su multimillonario programa de promoción y también en la práctica, los mormones crean una fachada sumamente atractiva y admirable que comunica interés en el prójimo, gran énfasis en la construcción de la familia, una vida limpia y un compromiso a Cristo que parecería dejar atrás a muchos cristianos en las iglesias evangélicas.[2]

¿Por qué referirse a ellos entonces como secta? Los mormones insisten con vehemencia que no les cabe la definición de secta (ver capítulo 6), y afirman que son cristianos de buena fe que creen en el Padre, el Hijo, el Espíritu Santo y en el poder de salvación del Señor Jesucristo.

La primera diferencia que aparece entre la Iglesia de los Mormones y el cristianismo bíblico es semántica. Los mormones utilizan, aunque han redefinido muchos términos clave empleados por los cristianos evangélicos, la señal inequívoca de la secta. El análisis de las perspectivas pasadas y presentes de los mormones revela que desechan, tuercen, cambian o agregan cosas a todas las doctrinas bíblicas, sobre todo a la revelación, la Trinidad y la salvación por gracia solamente a través de la fe solamente.

En los últimos años, algunos eruditos y líderes mormones han tomado posiciones que parecen refutar lo que los profetas, apóstoles y otros líderes mormones enseñaron con claridad durante el siglo diecinueve y gran parte del veinte. Esta «más reciente perspectiva» insiste que los mormones y los evangélicos están mucho más cerca en doctrina de lo que podrían pensar, y que las perspectivas antimormones expresadas a lo largo de los años están equivocadas en cuanto a lo que cree la IJS.

El resto de este capítulo cubrirá lo que los profetas y otros grandes líderes de la IJS han enseñado históricamente, seguido de una breve mirada a la nueva perspectiva, hábilmente representada por Stephen Robinson, profesor de la Brigham Young University. El mormonismo está en desacuerdo con el cristianismo bíblico en muchos puntos, pero dos de los temas principales son: (1) ¿Qué es la revelación con autoridad (Escrituras); y (2) ¿Quién (o qué) es Dios?

Joseph Smith, Jr: Cómo todo comenzó

Examinar el tema de la revelación confiable significa retroceder a los orígenes del mormonismo (aunque sólo cubriremos eventos claves de manera breve, se nombran recursos de tratados más extensos de parte de escritores mormones y no mormones en la bibliografía de este capítulo y en los recursos del Apéndice A).

La historia del mormonismo comenzó cuando un muchacho de 14 años llamado Joseph Smith, Jr. tuvo una visión en la que dos personajes –que él creyó eran el Padre y el Hijo– aparecieron ante él. El joven les preguntó a qué iglesia cristiana debía unirse, y le dijeron que a ninguna porque todas «estaban equivocadas y eran corruptas».[3]

En 1823, Smith, quien ya tenía 17 años, vio al ángel Moroni junto a su cama, que le habló de un libro de láminas doradas escrito por los antiguos habitantes del continente, que contendría «la plenitud del eterno evangelio». Cuatro años más tarde, Smith desenterró las láminas y comenzó a traducir su «egipcio reformado», con la ayuda de dos piedras especiales llamadas «Urim» y «Thummim».[4]

Mientras traducía estas láminas, Smith estaba sentado detrás de una cortina, mirando dentro de un sombrero, supuestamente leyendo las líneas del Libro de Mormón que aparecían en «piedras videntes», dictándole cada frase a un escriba que estaba del otro lado de la cortina. Debemos señalar que de joven, Joseph era conocido como buscador de tesoros escondidos, con la ayuda de una piedra vidente.[5] Utilizar una piedra vidente para obtener información que de otro modo no se consigue, se llama «desvelar» («discenir o leer»), y es una práctica de lo oculto que aún hoy es popular en la brujería contemporánea.

A pesar de que los mormones niegan las prácticas ocultas de Smith, hay incontrovertible evidencia de que en 1826 fue juzgado en la corte por «mirar en espejos» (utilizar una piedra vidente), un delito menor porque los que lo hacían a menudo eran estafadores.[6]

Martin Harris, un acaudalado granjero que ayudaba a Smith, decidió verificar si las láminas doradas y la traducción eran genuinas. Le mostró una parte al profesor Charles Anthon del Columbia College, y volvió para decirle a Smith que Anthon había reconocido los caracteres como «egipcios, caldeos, asirios y árabes», que la traducción era «correcta».[7] Anthon luego supo del informe de

Harris, y escribió una larga carta al Sr. E. D. Howe, un prolífico investigador de Joseph Smith y los orígenes del mormonismo. El punto de la carta de Anthon a Howe era: «Toda esta historia sobre que pronuncié que la inscripción mormónica eran "jeroglíficos egipcios reformados" es totalmente falsa». Anthon recordaba bien que «el papel no contenía más que "jeroglíficos egipcios"».[8]

Para 1830, Smith había publicado el Libro de Mormón, financiado por la hipoteca que sacó Martin Harris por su granja. Así fundó la iglesia mormona, que creció rápidamente. De 1831 a 1844, Smith abrió centros mormones en Ohio, Missouri e Illinois. Dondequiera que fueran los mormones, sufrían hostilidad y persecución, ya fuera porque los no mormones no confiaban en Smith o porque sospechaban de las enseñanzas y prácticas mormonas.[9] A veces, los mormones eran tratados horriblemente. En un punto, la milicia de Missouri mató, violó y saqueó a los creyentes mormones, al obedecer una orden de «exterminación» emitida por el gobernador.

Desde comienzos de la década de 1830 y hasta principios de la década siguiente, Smith continuó recibiendo revelaciones que le guiaban en cuanto a dónde ir y qué hacer, además de cómo establecer nuevas y diferentes doctrinas. La primera edición de la compilación de estas revelaciones –65 capítulos– se publicó en 1833 bajo el título *Libro de mandamientos*. En 1835, se publicó una segunda edición con el nuevo título *Doctrina y convenios* que serían «escrituras inspiradas», junto con el Libro de Mormón.

Para 1838, los mormones habían sido expulsados de Missouri hacia Illinois, donde Smith lideró el desarrollo de la floreciente ciudad de Nauvoo. Fue aquí que luego produjo revelaciones en cuando a la deidad, el origen y destino de la raza humana, la progresión eterna, el bautismo de los muertos, el matrimonio plural (poligamia), y la ordenación en templos sagrados. La revelación de Smith en cuanto a la poligamia fue recibida por él el 12 de agosto de 1843, e incluía una amenaza para la primera esposa de Smith, Emma, de que sería «destruida», si se resistía a la idea.[10]

La tensión entre los mormones y no mormones creció cuando el *Nauvoo Expositor* publicó historias que exponían la práctica mormona de la poligamia. Como alcalde de Nauvoo y «teniente general» de la legión de 4,000 hombres en Nauvoo, Smith sentía que tenía poder ilimitado. Ordenó la destrucción del periódico, y para los no mormones de Illinois fue el colmo. Smith terminó en la cárcel en Carthage, Illinois, en espera de su juicio.

Una muchedumbre de unas 200 personas atacó el edificio, y hubo disparos. Los mormones dicen que su fundador murió como «mártir cristiano», pero en realidad, murió peleando, disparando con un arma que le habían entregado a escondidas, y logró matar al menos a dos de sus atacantes.[11]

Luego de la muerte de Joseph Smith, Brigham Young ganó una lucha de poder por el liderazgo y condujo a gran cantidad de mormones hacia el oeste, que se estableció en el Valle del Lago Great Salt, en 1847. Bajo Young, la poligamia se volvió una práctica formal de la iglesia, y él mismo tuvo 20 esposas y 57 hijos.[12]

Sin embargo, no todos los mormones siguieron a Young hacia el oeste. Una importante minoría, encabezada por la esposa de Smith, Emma, y su hijo Joseph III, permaneció en Missouri e Illinois y formaron la Iglesia Reorganizada de Jesucristo de los Santos de los Últimos Días, que hoy tiene sede central en Independence, Missouri. Muchos otros subgrupos mormones también sobrevivieron y existen hoy todavía.

Los mormones practicaron oficialmente la poligamia hasta 1890. Debido a un más estricto cumplimiento de la ley en contra de la poligamia, que incluía multas y prisión, Wilford Woodruff, cuarto presidente y profeta, rescindió la poligamia como práctica (aunque no como doctrina), por pura necesidad práctica. La presión del gobierno amenazaba la existencia de todos los templos mormones, y la poligamia había sido una de las principales razones por las que a Utah se le había negado el reconocimiento como estado, al menos seis veces.[13]

A pesar de todos sus problemas con el gobierno de EE.UU. en torno a la poligamia, los Santos de los Últimos Días construyeron una próspera iglesia y sociedad, bajo la rígida dirección de Brigham Young, quien abogaba por la pena de muerte para todo blanco que mezclara su sangre con un «negro», y enseñaba que Jesús había sido concebido a través de relaciones sexuales literales entre Dios Padre y la virgen María.[14]

Con el advenimiento del siglo XX, la rescisión de la poligamia y la obtención de la categoría de estado, la iglesia mormona buscó mejorar su imagen pública para ganar más conversos. Una nueva estrategia diseñada para mezclar a la iglesia mormona dentro de la corriente del cristianismo afirmaba: «El mormonismo es cristianismo. El cristianismo es mormonismo; son uno, y la misma cosa».[15]

Millones de conversos al mormonismo basan su definición de «cristiano» en cuatro «obras fundamentales» de las Escrituras. Además de la Biblia, los mormones confían en el Libro de Mormón, *Doctrina y convenios*, y la *Perla de gran precio,* que dicen, contienen la palabra de Dios. La IJS afirma que el canon bíblico jamás se cerró y que la revelación continuó con Joseph Smith, además de otros presidentes y profetas de la iglesia, hasta nuestros días.

¿Es correcto el Libro de Mormón?

El Libro de Mormón cubre la historia de dos grandes civilizaciones, de las cuales la más importante se supone que arribó a América desde el Oriente Medio cerca del año 600 a. C. Estos judíos, supuestamente se convirtieron en dos grandes naciones, los nefitas y los lamanitas, que pelearon intermitentemente durante varios siglos.

La mayor parte del Libro de Mormón supuestamente se escribió en láminas de oro, de la mano de Mormón, comandante en jefe de los nefitas. Después de completar su parte del relato, Mormón le dio las láminas a su hijo, Moroni, quien las escondió en la Colina Cumorah después de agregar unas pocas palabras propias. Los nefitas entonces pelearon con los lamanitas hasta la muerte, y todos murieron. Los lamanitas entonces se convirtieron en «los principales ancestros de los indios norteamericanos».[16]

La iglesia mormona se ha esforzado increíblemente para justificar el Libro de Mormón, al inventar sus propias teorías arqueológicas y justificaciones para su autenticidad. Sin embargo, los arqueólogos no mormones y los cristianos bíblicos ven de reojo el Libro de Mormón (LM) por varias razones. Por ejemplo, el LM habla de las 38 «grandes ciudades» construidas por los nefitas y jereditas (pueblo de la primera migración cerca del 2200 a. C.) No hay rastros de estas ciudades ni evidencia arqueológica alguna de lo que menciona el LM.[17]

En resumen, no hay instituto de estudios superiores en EE.UU. a excepción de la Bringham Young University (orgullo del sistema educativo mormón), que pueda o intente sustanciar o apoyar lo que dice el LM. También algunos profesores mormones han admitido la poca fuerza y hasta la falacia y los intentos mormones por encontrar evidencia arqueológica de lo que afirma el LM.[18]

A pesar de sus numerosos problemas, Smith afirmaba que el LM era «más correcto que cualquier otro libro sobre la tierra».[19] Los mormones afirman que el LM es la palabra inspirada de Dios, y también dicen lo mismo de *Doctrina y convenios* y la *Perla de gran precio*, dos libros que también fueron producidos en su mayor parte por Joseph Smith. Aunque los mormones afirman que sus tres «obras principales» son absolutamente exactas y de plena inspiración, ven la Biblia como inspirada sólo en la medida que sea «traducida correctamente».[20] El apóstol de la IJS, Orson Pratt, dijo que dudaba que siquiera un sólo versículo del Nuevo Testamento hubiera escapado a la contaminación, y que transmitiera en la actualidad el mismo sentido que tenía en los manuscritos originales.[21] Este comentario es interesante porque el LM contiene unas 27,000 palabras copiadas literalmente con frecuencia de la versión King James de la Biblia en inglés (por ejemplo, comparar 2 Nephi 12-24 con Isaías 2:14).

Los mormones hacen caso omiso de los estudios textuales modernos[22] que de manera consistente confirman la validez de la Biblia. En cambio, prefieren confiar en la validez del LM aunque no existen manuscritos que confirmen su autenticidad. Según Joseph Smith, las láminas de oro le fueron quitabas luego por el ángel Moroni, y los mormones se remiten a confiar en su «palabra de profeta».

LA TEOLOGÍA MORMONA VA MÁS ALLÁ DEL LIBRO DE MORMÓN

Aunque Joseph Smith afirmaba que el LM era el libro más completo sobre la tierra y que contiene «el evangelio completo», agregó 13 doctrinas mormonas clave en el libro de *Doctrinas y convenios* que no se encuentran en el LM. Entre estas nuevas revelaciones se hallan: la pluralidad de los dioses (politeísmo), Dios como hombre exaltado, la capacidad del ser humano de convertirse en Dios, tres grados de cielo, la poligamia, la progresión eterna y el bautismo de los muertos.[23] Además, *Doctrinas y convenios* contiene una cantidad de profecías de Smith que no se cumplieron, lo cual lo convierte en un falso profeta según lo que dice la Biblia (ver Deuteronomio 18:20-22).[24]

Al igual que el LM, *Doctrinas y convenios* también pasó por procesos de cambios y agregados en sus diversas ediciones. Un análisis del texto muestra que pocas de las «revelaciones» de la edición actual de *Doctrinas y convenios* dicen lo mismo que en la primera compilación de revelaciones de Smith en el *Doctrinas y convenios* de 1833.[25]

Lo que aparece como obvio es que Joseph Smith siguió teniendo nuevas ideas sobre qué poner en sus «escrituras» y es por eso que hubo tantos cambios en las «palabras reveladas por Dios», que seguían apareciendo. Las autoridades de la iglesia mormona también han efectuado cambios, incluyendo la omisión de "Discursos sobre la fe", en donde Smith claramente enseñaba que Dios no tiene principio o fin y que es inmutable, lo cual resulta estar en contradicción directa con lo que enseña la teología mormona en nuestros días.[26]

LA «PERLA» CON UNA GRAN MANCHA

A diferencia del LM y *Doctrinas y convenios*, la *Perla de gran precio* fue traducida (en parte) a partir de fragmentos de papiro que Smith compró junto con algunas momias egipcias a un disertante viajero en 1835. Según Smith, los jeroglíficos egipcios del papiro eran un registro de escritos de Abraham mientras estuvo en Egipto. El «Libro de Abraham» pasó a formar parte de la *Perla de gran precio*, que se compiló y publicó por primera vez en 1851, y se incorporó al canon de la IJS en 1880.

Los fragmentos de papiro se consideraron perdidos o destruidos durante mucho tiempo, hasta que en 1967 reaparecieron y se devolvieron a la iglesia mormona. La investigación de estos fragmentos por parte de egiptólogos mormones y no mormones demostró que los papiros contenían nada más que un texto funeral egipcio con instrucciones para los embalsamadores. Smith había tomado caracteres egipcios que se traducen en realidad como una o dos palabras, tales como «agua», y creó largos pasajes que enseñaban doctrinas mormonas como la preexistencia, el sacerdocio y la naturaleza de la deidad.[27]

Sin dejarse intimidar por esta evidencia científica, la *Encyclopedia of Mormonism* (Enciclopedia del mormonismo) desvergonzadamente afirma que cuando Smith vio los jeroglíficos egipcios en el papiro, «buscó revelación del Señor» y «recibió el Libro de Abraham».[28]

Una de las claves para entender a los mormones es que tienen fe absolutamente inconmovible en Joseph Smith, su primer profeta. Los hechos no importan. Pase lo que pase, Smith sigue siendo su fuente de revelación divina, el cimiento de toda su perspectiva.

Lo dicho aquí toca solamente la primera gran diferencia entre el cristianismo ortodoxo y el mormonismo: los IJS afirman recibir «más revelación continuamente» que, si les es otorgada, abre la puerta a ilimitada especulación, como veremos en la sección que sigue.

PROGRESIÓN ETERNA: CORAZÓN DEL MORMONISMO

La doctrina del cristiano bíblico acerca de Dios dice que él es eterno, único Dios del universo, supremo creador de todo a partir de la nada. Siempre ha existido y siempre existirá. La doctrina mormona de Dios dice que Él es «progresivo», habiendo alcanzado su estado exaltado al avanzar por un camino que sus hijos (los mormones) tienen permitido seguir. Como escribiera el apóstol de los IJS, James Talmadge, «La iglesia proclama la verdad eterna: "lo que el hombre es, una vez lo fue Dios; lo que Dios es, el hombre puede llegar a ser".[29]

Dicho en pocas palabras, la visión histórica mormona de Dios incluye lo siguiente: Dios –el Padre celestial– es en realidad un hombre exaltado. Es un representante de una «especie» que los mormones llaman «dioses». Estos dioses existían antes que el Padre celestial que gobierna la Tierra hoy día. En el pensamiento mormón, Dios no es el creador eterno o primera causa de todo. Fue creado o se creó a sí mismo por otro dios que había sido creado por otro, y así hasta el infinito.[30]

Cuando fue creado el Padre-Dios de los IJS, de nuestro universo actual, se convirtió en un ser-espíritu que maduró y luego fue enviado a otro planeta donde vivió como hombre, y aprendió todo lo posible mientras crecía, para luego morir y resucitar. Habiendo alcanzado la deidad, volvió al cielo con un cuerpo de carne y hueso donde se unión con su esposa diosa (Madre-Dios), para copular y tener millones de hijos espíritus que eventualmente poblarían el planeta Tierra. El dominio del mundo espiritual donde todo esto sucede es conocido por los mormones como «la preexistencia».[31]

Según el pensamiento mormón, el Dios-Padre de nuestro universo actual no fue creado *ex nihilo* (de la nada). El «dios» que creó al Dios-Padre lo hizo con material eterno, lleno de «inteligencias». Todo quien haya vivido o viva es en realidad una inteligencia que en algún momento residió en materia eterna. Para los mormones, Dios no es eterno, pero la materia sí lo es.[32]

Cuando Dios tuvo a todos estos hijos espíritus, Su «creación» primogénita fue Jesucristo, seguido del hermano de Jesús, Lucifer. Y luego se crearon muchos otros incontables hijos espíritus para que poblaran la tierra. Cuando Dios terminó de crear a todos los hijos espíritus, hizo una reunión que se llamó el Consejo del Cielo. Les dijo a todos que tenía un plan para que sus hijos espíritus vivieran en la Tierra para ser probados y luego devueltos a Él después de la muerte. Había dos candidatos posibles para ser el salvador de todos los que nacieran en la Tierra: el Jesús premortal y su hermano menor Lucifer.

Cuando fue elegido Jesús para ser el Salvador, Satanás se rebeló, peleó una gran guerra contra los ejércitos del cielo liderados por el Arcángel Miguel, y perdió. Fue echado a la tierra, condenado a vivir como espíritu que jamás tendrá cuerpo humano.[33] Mientras tanto, siguiendo las instrucciones de su Padre, Jesús, con la ayuda de otros hijos espíritus, utilizó la materia eterna para crear la tierra con todos sus animales y a los primeros habitantes humanos, Adán y Eva.

Entre los descendientes de Adán y Eva, había algunos hijos espíritus que peleaban con poca convicción en contra de Satán durante la Gran Guerra del cielo. Fueron sentenciados a nacer mortales de piel negra, como parte de linaje de Caín.

Utilizando esta doctrina, que Joseph Smith enseña en la *Perla de gran precio* (ver Moisés 7:7,22), los profetas y apóstoles de la IJS, incluyendo a Smith, a Brigham Young y Bruce McConkie, han enseñado y articulado actitudes y enseñanzas racistas que todavía la iglesia no ha repudiado oficialmente, a pesar de su declaración de 1978 que acepta sacerdotes negros.[34]

La teología mormona enseña que cuando Jesús vino a la Tierra desde el mundo de los espíritus para convertirse en el Salvador de la humanidad, nació de María, pero no concebido por el Espíritu Santo como enseña la Biblia. Una de las enseñanzas más comunes entre los mormones a lo largo de los años es que Dios Padre bajó a la Tierra con forma humana para tener relaciones sexuales con María, y que así ella concibió al bebé Jesús. Muchos líderes mormones han creído esto, desde Brigham Young (1801-1877) a Ezra Taft Benson (1899-1994), el décimo tercer profeta y presidente de la IJS.[35]

Aunque la iglesia mormona hoy no tiene «posición oficial» en cuanto a si Jesús se casó o no, la lógica del sistema mormón lo exige, porque el matrimonio celestial es requisito para la deidad o exaltación. Por eso, los apóstoles mormones como Orson Pratt, implican firmemente que Jesús sí se casó y fue polígamo, además de casarse con María, Marta y la otra María durante las bodas de Caná.

También, según la lógica celestial mormona que lleva a esta conclusión, el apóstol Orson Hyde enseñó que Jesús tuvo hijos con las mujeres con quien se casó antes de morir en la cruz.[36]

Después de morir en la cruz, Jesús «obtuvo plenitud», a través de un cuerpo resucitado. Volvió al cielo, plenamente exaltado, y desde allí reina con el Dios Padre en poder y gloria. Según Smith, Jesús tomará finalmente el lugar del Dios Padre cuando el Dios Padre avance a planos aún más elevados de gloria, exaltación y progresión.[37]

Al igual que Jesús, todos los nacidos en la tierra vienen del mundo de los espíritus, donde han estado esperando en su preexistencia hasta que llegue su turno de experiencia terrenal. Están todos exactamente en el mismo camino que el Padre Dios y Jesucristo. Si son mormones, entonces también pueden elevarse cada vez más alto, progresando más y más hasta ser dioses. De hecho, si contraen matrimonio celestial (casándose en un templo mormón), el hombre y su esposa eventualmente podrán tener su propio planeta. Allí podrán continuar procreando hijos espíritus por toda la eternidad, y el ciclo se repetirá continuamente, lo cual dará como resultado millones de dioses en millones de planetas, encontrando exaltación eterna por medio de la obediencia y la progresión.[38]

Es importante observar que alrededor de 1830, cuando Joseph Smith comenzó con su nueva religión y tradujo el LB, era monoteísta, y hasta utilizaba términos que sonaban a trinitarios. A principios de la década de 1830, Smith comenzó a estudiar hebreo y aprendió que la palabra para Dios es *Elohim*, que puede traducirse como plural o singular dependiendo de cómo se use. De allí dedujo que en lugar de un Dios hay muchos dioses (politeísmo). Y de ahí estableció los cimientos de la visión mormona de la deidad.[39]

Smith enseñó: «Debéis aprender a convertiros en dioses…lo mismo que han hecho todos los Dioses que os precedieron, es decir, pasando de un grado al siguiente».[40] La Biblia, sin embargo, enseña claramente: «Antes de mí no fue formado dios, ni lo será después de mí» (Isaías 43:10); «porque Dios soy, y no hombre» (Oseas 11:9); «porque yo Jehová no cambio» (Malaquías 3:6).[41]

OTROS GRANDES ERRORES MORMONES

A partir de sus dos errores básicos –la revelación adicional y la eterna progresión– fluyen otras enseñanzas mormonas que son claras herejías.

Para los mormones, la Trinidad no es un Dios cuya esencia se halla en tres personas, sino tres dioses: tres cuerpos diferentes (el Espíritu Santo tiene únicamente un cuerpo espiritual; jamás ha podido convertirse en hombre, según el sistema mormón). A pesar de la enseñanza del Padre, Hijo y Espíritu Santo como un mismo Dios en el LM y en las primeras revelaciones de *Doctrinas y convenios*, luego Smith enseñó que el Padre, Jesucristo y el Espíritu Santo eran personajes diferentes, tres Dioses distintos (ver *Doctrinas y convenios* 20:28). En su *Documentary History of the Church* [Historia documental de la iglesia], Smith minimizó la Trinidad, al decir que «sería un Dios raro, no obstante…un gigante o un monstruo».[42]

Los mormones toman pasajes de las Escrituras que los cristianos utilizan para enseñar la Trinidad, y los tuercen para enseñar sus propias doctrinas. Por ejemplo, cuando Dios dijo: «Hagamos al hombre a nuestra imagen» en Génesis 1:26, o cuando Jesús usó los nombres Padre, Hijo y Espíritu Santo en Mateo 28:19, estos versículos les dicen a los mormones que hay «más de un Dios».

Juan 1:1, que enseña que Jesucristo, el Verbo, estaba con Dios Padre desde el mismo principio y que –de hecho– creó los mundos, es tomado por los mormones como enseñanza de que hay «dos Dioses».[43]

A causa de que su perspectiva del mundo, que dice que Dios es un hombre exaltado y que todos los hombres pueden llegar a ser dioses, la Trinidad –un Dios que existe como tres personas– es algo simplemente increíble, ilógico y carente de sentido para los mormones. Su politeísmo (en el caso de la Trinidad, su triteísmo), tiene más sentido para ellos.[44]

La salvación, según el mormonismo, viene en dos partes: general e individual. La salvación general es lo que quieren significar los mormones cuando dicen: «Creemos que a través de la propiciación de Cristo toda la humanidad puede ser salvada».[45] Toda la humanidad será salva en un sentido general cuando sean resucitados, y luego serán juzgados según sus obras. La salvación general se otorga independientemente de las acciones o creencias de la persona (a excepción de «los hijos de la perdición», que serán echados al fuego del infierno). Pero como la propiciación de Cristo pagó por los pecados de Adán solamente, las personas siguen siendo responsables de sus propios pecados personales. La propiciación de Cristo brinda la oportunidad, entonces, de ganar la salvación individual mediante la obediencia a las leyes y mandamientos del evangelio (es decir, las enseñanzas de la IJS).[46]

Los mormones enumeran ocho requisitos para que la persona merezca perdón por los pecados personales y así pueda conseguir la posibilidad de convertirse en un dios. Algunos de ellos son: fe en Cristo, ser bautizado, ser miembro de la IJS, guardar los mandamientos, hacer trabajo en el templo y aceptar a Joseph Smith y sus sucesores como «voceros de Dios».[47]

¿QUÉ TAN ANCHA ES LA LÍNEA DIVISORIA?

Al entrar el Cuerpo de Cristo en el tercer milenio, la brecha entre los mormones y el cristianismo bíblico parece insalvablemente grande; sin embargo, se ha hecho al menos un esfuerzo para encontrar un camino. El libro *How Wide the Divide?* [¿Qué tan ancha es la línea divisoria?] contiene un diálogo entre Stephen E. Robinson, profesor de Escritura Antigua en la Brigham Young University, y Craig L. Blomberg, profesor de Nuevo Testamento en el Denver Seminary.[48]

Mientras dialoga con Blombert, Robinson corrige, «interpreta» o desecha como especulación casi todas las enseñanzas mormonas más tempranas utilizadas como ejemplos de lo que los mormones han creído desde 1830. Según Robinson, los extremistas antimormones han usado estas enseñanzas históricas para criticar falsamente a la IJS.

En esta parte de la introducción a *How Wide the Divide?*, Robinson dice que cree que el verdadero problema es la diferente «visión de la naturaleza del universo en el que los mormones encajan el evangelio... Creemos que Dios y los humanos son la misma especie de seres y que todos los hombres y mujeres fueron su descendencia espiritual en una existencia premortal».[49]

Robinson insiste firmemente que «no hay ni un sólo versículo de la Biblia que los Santos de los Últimos Días no aceptemos»,[50] aunque en muchos lugares aclara que la IJS rechaza la filosofía griega que creen está en los credos que acuñaron los concilios de la Primera Iglesia.[51] A medida que Robinson presenta sus argumentos, continuamente asegura al lector que cree en «Jesucristo como el Camino, la Verdad y la Vida: el único nombre dado bajo el cielo por el cual podemos ser salvos».[52]

La reacción ante *How Wide the Divide?* ha tenido diversos matices. Se han escrito varios libros en respuesta, y cantidad de artículos de crítica en los periódicos y la Internet, de los cuales describimos algunos en las referencias bibliográficas de este capítulo.[53] Gran parte de la crítica de *How Wide the Divide?* se concentra en el «minimalismo» de Robinson, es decir, su forma de no contar entera la historia de los mormones.

Y aunque Robinson admite que no representa a la IJS, sino que solamente da su propia opinión, insiste que lo que él dice es teología IJS estándar, que hoy cree la IJS. Pero no hace demasiado en cuanto a citar a actuales Autoridades Generales de la IJS que supuestamente están de acuerdo con él.

De hecho, Robinson limita la ortodoxia de la IJS a las cuatro obras principales y estándar (Biblia versión King James, LM, *Doctrinas y convenios* y la *Perla de gran precio*) «como la interpretan las Autoridades Generales de la Iglesia, los actuales apóstoles y profetas».[54] De este modo, se libra convenientemente de gran parte del material que dejaron Joseph Smith, Brigham Young, entre otros, que no desea explicar, defender o contradecir.

Los revisores del Ministerio de Investigación del Mormonismo (MRM), han observado que «Robinson es un inteligente escritor que puede hacer que el mormonismo suene como cristianismo»,[55] y que aunque quizá crea sinceramente en los puntos de vista que menciona en *How Wide the Divide?*, «no representa en absoluto la posición normal de la IJS sobre muchos puntos».[56] Los revisores del MRM creen que le serviría mejor al público que una Autoridad General de la IJS hubiera representado la posición mormona; aunque en su opinión, las Autoridades Generales de la IJS deciden no debatir en este tipo de formato.

Si ha de haber más diálogo entre el mormonismo y el cristianismo cristiano, sería bueno que las Autoridades Generales de la IJS dieran un paso al frente para participar. Entonces quizá se podría avanzar hacia la clarificación de las diferencias reales entre el cristianismo bíblico y el mormonismo, donde la línea divisoria, la brecha, sigue siendo ancha de verdad.

Resumen de las principales diferencias entre el mormonismo y el cristianismo bíblico

En cuanto a las Escrituras: Los mormones creen que el canon de las Escrituras no está cerrado y que «es necesaria la revelación moderna... (Dios) sigue hablando porque Él es inmutable».[57] La IJS acepta como Escrituras el *Libro de Mormón, Doctrina y convenios, la Perla de gran precio* y *la Biblia* (VKJ), con reservas en cuanto a que la Biblia es «Palabra de Dios siempre y cuando esté traducida correctamente».[58] Los cristianos bíblicos sostienen que el canon está cerrado y aceptan únicamente la Biblia como Escrituras, y creen que es «inspirada por Dios» (ver 2 Timoteo 3:16), y completa; que contiene «la fe que ha sido una vez dada a los santos» (Judas 3; ver también Gálatas 1:8; 2 Pedro 1:3).

En cuanto a Dios y la Trinidad: Joseph Smith enseñó que «El Padre tiene un cuerpo de carne y hueso tan tangible como el del hombre».[59] El apóstol James Talmadge dijo: «creemos en un Dios que es...un ser que ha logrado su estado exaltado por un camino que ahora sus hijos tienen permitido seguir...la iglesia proclama la eterna verdad: 'lo que es el hombre, lo fue Dios una vez; lo que es Dios, el hombre puede llegar a ser'».[60] Talmadge también dijo que la doctrina de la Trinidad era un enredo de «inconsistencias y contradicciones».[61] Joseph Smith enseñó que Jesucristo, Dios Padre y el Espíritu Santo eran «tres personajes distintos, y tres Dioses».[62]

Los cristianos bíblicos creen que Dios es un Espíritu (ver Juan 4:24), creador del universo (ver Génesis 1:1). El Dios bíblico dice: «porque yo soy Dios, y no hay otro Dios» (Isaías 46:9). Y «antes de mí no fue formado dios, ni lo será después de mí». (Isaías 43:10). La palabra «trinidad» significa «tres en uno» y resume las enseñanzas de las Escrituras acerca de que «Dios es tres Personas, y, sin embargo, un mismo Dios» (ver Deuteronomio 6:4; Mateo 28:19).[63]

En cuanto al pecado y la salvación: Joseph Smith enseñó que «los hombres serán castigados por sus propios pecados, pero no por la trasgresión de Adán».[64] El LM dice que Adán y Eva estaban preordenados para pecar de manera que brindaran paternidad a los hijos espíritus de Dios que esperaban la experiencia de la vida terrenal (ver 2 Nephi 2:25) Según el apóstol Bruce McConkie, «la salvación general» significa que «todos los hombres son salvos por gracia solamente».[65] La plena salvación (personal) viene únicamente a través de la Iglesia de Jesucristo de los Santos de los Últimos Días, y sin el sacerdocio mormón y continua revelación «no habría salvación».[66] Los cristianos bíblicos creen que la salvación es un don gratuito, brindado por gracia a Dios a todos los que creen en Cristo y su obra de propiciación en la cruz (ver Efesios 2:8,9). Los cristianos hacen buenas obras no para *ganar* la salvación, sino porque *tienen* la salvación (ver Romanos 3:24-26; Efesios 2:10).

En cuanto al cielo: Joseph Smith enseñó que la mayoría de la humanidad entrará en uno de tres niveles de cielo: telestial, terrestre o celestial (ver *Doctrinas y convenios*, 76:30-119). El apóstol

Bruce McConkie enseñó que la vida eterna en el cielo celestial es para los mormones únicamente.[67] Los cristianos bíblicos creen que el cielo es donde Dios habita (ver Salmo 73:25), que será el hogar de todos los creyentes en la plena propiciación de Cristo por los pecados personales (ver 1 Juan 4:19). Estar en el cielo es estar en presencia de Cristo (ver Lucas 23:43; Juan 14:3, 2 Corintios 5:8; 1 Juan 3:2).

Para encontrar más información sobre las doctrinas y prácticas mormonas, ver el Apéndice A.

CAPÍTULO 9

LA NUEVA ERA

LA ANTIGUA MENTIRA DE LA SERPIENTE EN PAQUETE ACTUALIZADO

En medio de la gran cantidad de nuevas religiones y sectas de la escena actual, nada es más difícil de definir que el movimiento de la Nueva Era (MNE). Russell Chandler, ex escritor de temas religiosos para *Los Angeles Times*, observó que «La Nueva Era no es una secta o culto, per se».[1] Es, en cambio, una perspectiva que ofrece una nueva forma de pensar. A pesar de que carece de estructura y organización formal, hay millones de activistas de la Nueva Era que esperan transformar la sociedad produciendo un despertar nuevo que pondrá énfasis en el autodescubrimiento, el crecimiento espiritual y la iluminación.[2]

LA NUEVA ERA NO ES NADA NUEVO

Si ha leído usted los capítulos sobre hinduismo o budismo, muchas de las ideas en este capítulo le resultarán familiares, porque el pensamiento de la Nueva Era en realidad no es nuevo. De hecho, las ideas de la Nueva Era pueden rastrearse a los tiempos del jardín, cuando la serpiente le preguntó a Eva si de veras Dios había dicho que no podían comer el fruto de ese árbol (ver Génesis 3:1-5).

Los conceptos de la Nueva Era encuentran sus raíces en muchas fuentes antiguas, que incluyen los rituales de misterio de Babilonia, supuestamente capaces de elevar a los humanos a un estado de deidad. También incluyen la adoración de la naturaleza, prácticas ocultas y la reencarnación.

La Nueva Era también toma mucho del hinduismo, que además de la reencarnación enseña conceptos como el monismo (todo es uno) y el panteísmo (todo es dios). Otra de las corrientes que contribuyen al movimiento de la Nueva Era es el budismo, que enseña control mental, meditación, iluminación espiritual y reencarnación.

El pensamiento de la Nueva Era también toma prestados conceptos del taoísmo, una filosofía china que enseña que todas las cosas pasan continuamente por cambios (el proceso llamado yin y yang), y que por eso nada es absoluto; todo es relativo, incluyendo la moral y la ética.

Del gnosticismo, la Nueva Era adapta la idea del conocimiento esotérico, que supuestamente enseña una chispa divina y poder interior, y que por ello niega la necesidad de la propiciación de la muerte de Cristo.[3]

El pensamiento de la Nueva Era es un híbrido o combinación de todo lo mencionado, además de diversas ideas y fenómenos de origen moderno, como los Objetos Voladores No Identificados (OVNIs), la inteligencia extraterrestre y la psicoquinesia (doblar objetos como los cubiertos de metal para darles distintas formas mediante la fuerza de la mente).[4]

Es tan ecléctico el MNE que es difícil describir a un adepto a la Nueva Era de manera completa. Algunos solamente toman parte del pensamiento de la Nueva Era, en tanto otros aceptan y practican otras porciones. Además de los que se consideran Nueva Era, hay millones de personas que han adoptado la comprensión de la realidad que indica la Nueva Era y utilizan estas ideas para desarrollar lo que consideran una filosofía de vida práctica y útil. El MNE incluso ha atrapado a muchos cristianos (y seudocristianos) en sus redes.

Como el MNE es tan diverso, es difícil calcular la cantidad de personas que son adeptas a este movimiento. En los últimos años, se han realizado varias encuestas que arrojan evidencia considerable de que una gran cantidad de personas se interesa por las actividades de la Nueva Era. Por ejemplo, el 66% de los estadounidenses adultos afirma haber tenido una experiencia psíquica. Treinta millones de estadounidenses (1 de cada 4) dicen creer en la reencarnación. Diez millones de estadounidenses dicen que están involucrados en algún tipo de misticismo oriental. El 41% de los estadounidenses adultos cree haber estado en contacto con alguien que ha fallecido (espiritismo). El 14% de los estadounidenses apoya el trabajo de mediums y canalizadores espiritistas. Otra encuesta revela que el 67% de los adultos estadounidenses lee columnas de astrología.[5]

Alice Bayley fue quien popularizó la "Nueva Era"

La etiqueta de Nueva Era ha estado en boca de la sociedad durante los últimos 50 años o más. La primera que la popularizó fue Alice Bayley, una mujer episcopal de Inglaterra que durante un tiempo siguió las enseñanzas de Madame Blavatsky, fundadora de la Sociedad Teosófica.

Si bien los escritos de Bayley establecieron las bases del MNE de hoy, fueron los eventos de la década de 1960 los que en realidad dispusieron la escena para atraer a una creciente cantidad de personas –en particular a los de las generaciones más jóvenes– a las ideas de la Nueva Era. Durante la década de 1960, la nación estaba dividida y desmoralizada por la Guerra de Vietnam y el asesinato de figuras políticas.

La contracultura estaba harta, desilusionada, y buscaba una nueva verdad o realidad dondequiera que pudieran encontrarla. La década del 1960 fue el trampolín para la brecha generacional, el pensamiento anticonvencional y la expresión psicodélica por medio del LSD y otras drogas. La década del 1960 fue también el momento en que los Beatles introdujeron la meditación trascendental (MT) a EE.UU. después de un viaje a India, donde fueron «iluminados» al practicar la TM con el Maharishi Mahesh Yogi, un gurú hindú. Después de eso, las ideas orientales inundaron los EE.UU. en todas sus formas, incluyendo el exitoso musical *Hair,* que se estrenó en Broadway en 1968.

Hair presentaba el tan conocido tema "La Era de Acuario", que en muchos aspectos se convirtió en el tema del MNE. En clara referencia a la astrología, la canción dice que la luna está en la séptima casa, con Júpiter alineado con Marte, la paz guiaba los planetas y el amor conducía las estrellas. Según la astrología, la Era de Acuario comenzará cuando el equinoccio vernal pase de Piscis (pez) a Acuario (el aguatero). Para los adeptos a la Nueva Era, esto significará el fin de la era cristiana y el comienzo de una nueva era simbolizada por Acuario, el aguatero, que vierte agua sobre la tierra para sanar el planeta y terminar con los problemas de la humanidad, «sumergida en una gran conciencia cósmica».[6]

COMO DEFINEN A «DIOS» LOS ADEPTOS A LA NUEVA ERA

La Nueva Era no tiene una sede u organización central, ni un conjunto básico de escritos de autoridad que presenten las doctrinas de la Nueva Era en un orden determinado. En cambio, sus adeptos suelen adherir a determinados principios o creencias. Por ejemplo, el monismo –la idea de que todo fluye a la vez, que los seres humanos, los fenómenos naturales y hasta «Dios» no son cosas separadas, sino en realidad una misma cosa– es algo fundamental en el pensamiento de la Nueva Era. Para sus adeptos, la realidad es que todo está interrelacionado, todo es interdependiente, todo tiene que ver con todo.[7] El concepto del monismo lleva lógicamente a oro de los principios básicos de la Nueva Era, el panteísmo, que significa simplemente «todo es dios». Usted, todo lo que le rodea, la creación entera, es dios. De hecho, no hay nada que no pudiera llamar dios.

El dios de la Nueva Era es más un «eso» que un «él». Los adeptos a la Nueva Era (a partir de aquí los mencionaremos como NE) no tienen el concepto de un creador personal que existe fuera de su creación y ejerce control y autoridad sobre ella. La creación no se mantiene unida por Cristo para la NE (ver Colosenses 1:17). De hecho, para los de la NE, el relato de la creación en Génesis es un mito extraño, porque no hay creador. Todo lo que hay siempre estuvo y existió. Cómo llegó a ser, no es preocupación para el seguidor de la NE. En cambio, el de la NE se interesa más en cómo puede desarrollar su «posibilidad de deidad», porque si todo es dios, entonces él también es dios.

Para algunos seguidores de la NE, no hay un ser supremo a quien adorar, porque todos somos supremos. Shirley MacLaine, estrella de cine que se volvió evangelista del movimiento de la NE, lo dijo con claridad en su éxito de ventas *Dancing in the Light* [Danzando en la luz]: «Yo sé que existo, y que por eso, SOY. Sé que existe el dios-fuente. Por eso, ES. Como soy parte de esa fuerza, entonces YO SOY lo QUE SOY».[8]

LOS SEGUIDORES DE LA NUEVA ERA ENCUENTRAN LA «SALVACIÓN» EN SÍ MISMOS

Para los seguidores de la NE, la salvación no es cuestión de salvar la propia alma del pecado o el quebranto, sino de lograr una nueva «conciencia» de su divinidad y unidad con todas las cosas. Este nuevo estado de conciencia recibe diferentes nombres: conciencia cósmica, conciencia de Dios, realización de Dios, autorealización, iluminación. En lugar de arrepentirse del pecado, el de la NE se despierta de nuevo a sí mismo. La oración a un Dios personal es reemplazada por la meditación, un viaje hacia adentro. Nacer de nuevo desde lo alto, es por eso innecesario.[9] La propiciación por los pecados no se encuentra en Cristo, dicen los de la NE. De hecho, Cristo es rebajado, de segunda Persona de la Trinidad, a uno de muchos «Cristos cósmicos», incluyendo a Buda, Moisés, Elías y Mahoma. En un juego de palabras sobre el término cristiano «propiciación», la conciencia de la Nueva Era a veces se llama «propia asociación». Como sea que lo llamemos, el «propio ser» se eleva a los niveles más altos, y «se ve como tesoro cósmico de sabiduría, poder y deleite».[10] Shirley MacLaine lo resume en *Dancing in the Light* cuando le dice a una amiga: «Eres ilimitada. Lo que sucede es que no lo sabes».[11]

Al buscar desarrollar y dar rienda suelta al propio ser divino que los humanos tienen dentro, los de la NE siguen la tan conocida amonestación de este movimiento sobre el «crear tu propia realidad». Aunque sigan distintas prácticas o creencias, todos los de la NE están de acuerdo en un dogma central: *Toda verdad es relativa, no hay absolutos, y encuentras a «Dios» dentro de ti mismo.*[12]

LA CANALIZACIÓN: LA VERSIÓN DE LA NUEVA ERA PARA CONTACTAR A LOS ESPÍRITUS

Las prácticas ocultas, como el espiritismo, constituyen un segmento importante dentro de lo que es el movimiento de la NE de hoy. Madame Blavatsky y Alice Bayley estaban muy ligadas al espiritismo, que Russell Chandler llama, una moda «que llegó hasta los más remotos rincones de la nación, como un incendio incontrolado, en la década de 1850».[13]

Alice Bayley fue una prolífica escritora que escribió dos docenas de libros sobre la filosofía de lo oculto entre 1919 y el momento de su muerte en 1949. Afirmaba que estaba en contacto con un maestro tibetano llamado Jdwhal Khul, y que la mayor parte de lo que escribía eran sus enseñanzas.[14]

El movimiento espiritista tan de moda en los EE.UU. hace un siglo, tenía dos objetivos: (1) obtener información sobre el más allá (si era un lugar feliz, triste, etc); (2) hacer contacto con seres queridos ya fallecidos.[15] La canalización que hoy se realiza en el movimiento de la NE se centra en mensajes de una «fuente más elevada», con ideas tales como la de que la muerte no es real, que todo es uno, que todos somos divinos, pero existimos en cuerpos físicos o que podemos controlar la realidad a través de los poderes de la Mente Universal.[16]

Según la NE, hay entidades espirituales que hablan a través de mediums o canalizadores. Uno de ellos es Ramtha, supuestamente un guerrero de 35,000 años que se canaliza a través de un ama de casa de la zona rural de Washington, llamada J. Z. Knight. Ramtha ha hablado a millones de personas en TV, en programas como el «Merv Griffin Show». Para recibir los mensajes de Ramtha, la Sra. Knight entra en un aparente trance. Con voz masculina y denotando autoridad, Ramtha habla a través de ella, poniendo énfasis en que todos somos Dios, que todos tenemos infinito potencial y que creamos nuestra propia realidad. Además, no hay absolutos morales que puedan limitarnos o atarnos, y ninguno de nosotros será juzgado por Dios.[17]

Ramtha aconseja a los seguidores de la NE a jamás ir en contra de ningún sentimiento o emoción. Si uno siente ganas de hacer algo, hay que hacerlo porque la experiencia hará que la vida sea mucho más dulce.[18]

Uno de los mensajes más antibíblicos recibidos a través de los canales es *Un curso en milagros*, de tres volúmenes, escrito por la fallecida Helen Schucman, una profesora de psicología de la Universidad de Columbia. Schucman, quien afirmaba ser atea y «escriba reticente» del curso, siempre oía una voz interior que le dictaba mensajes durante siete años. Cientos de grupos han estudiado el curso, en diversos lugares de EE.UU. (incluyendo iglesias), y se calcula que se han vendido medio millón de ejemplares.[19]

Si bien *Un curso en milagros* contiene términos cristianos, está lleno de ideas anticristianas como la idea de que Dios no creó el mundo, que Jesús no era el único Hijo de Dios, y que no sufrió y murió por nuestros pecados. De hecho, el curso comunica con claridad que el pecado es una ilusión. Ninguno de nosotros jamás ha roto o manchado su relación con Dios: esto sólo sucedió en nuestro pensamiento. El pecado como lo explica la Biblia jamás sucedió de verdad, según *Un curso en milagros*.[20]

Desde el momento en que Satán le dijo a Eva: «Come el fruto para que puedas ser lo que es Dios», los hombres y las mujeres han estado tratando de «hacer las cosas por su cuenta» o al menos con ayuda de espíritus y demonios, lo que Pablo llama «gobernadores de las tinieblas…y huestes espirituales de la maldad» (Efesios 6:12). No es coincidencia que la Biblia firmemente prohiba el contacto con los espíritus o el intento de comunicarse con los muertos (ver Levítico 19:31; Deuteronomio 18:10-13). Otros conceptos o prácticas de la NE que las Escrituras condenan o presentan como contrarias al cristianismo son:

- Muchos dioses, diosas, espíritus y demonios: ver Génesis 1:1, Éxodo 15:11; 20:2-6; Deuteronomio 6:4; Isaías 45:5, 6, 21, 22.
- Manipular o involucrarse con el mundo de los espíritus: ver Deuteronomio 13:1-5; 18:9-14; 1 Reyes 11:33.
- Continuar rituales de sacrificios de sangre: ver Hebreos 7:27; 10:10-13; 1 Pedro 3:18.
- Leyendas mitológicas, no históricas: ver 1 Corintios 15:1-8; 12-19; 1 Timoteo 1:4; 2 Pedro 1:16.
- Conocimiento secreto únicamente para «conocedores» de élite: ver Juan 1:12; 3:16; colosenses 2:8-10; 1 Timoteo 2:4.
- Artes mágicas, hechizos, tabúes, astrología: ver 2 Reyes 17:16-18; Isaías 47:12-15; Hechos 8:9-24.
- Confundir la identidad del creador y lo creado: ver 1 Reyes 8:27; Salmo 8:1-9; 24:1-10; 89:5-14; Isaías 40:12-17; 1 Pedro 1:24, 25.
- Ética y moral derivada de los humanos o de uno mismo; que no haya absolutos y todo sea relativo: ver 1 Reyes 8:46;

Salmo 51:1-4; 143:2; Eclesiastés 7:20; Romanos 2:14-16; 1 Juan 1:5-10.

- Reencarnación: ver Romanos 6:23; Hebreos 9:27.
- La salvación mediante el esfuerzo humano: ver Romanos 4:3; Gálatas 2:15,16.
- Elegir elementos de distintas religiones: ver Éxodo 20:2-5; 23:13; Juan 1:7-9.
- Adorar a otros dioses, sobre todo de religiones de fertilidad: ver 2 Reyes 17:9-12; Jeremías 2:20; Ezequiel 6:13.
- La idea de que Cristo es opcional, y uno entre muchos maestros espirituales: Ver Juan 14:6-8; Hechos 4:12; 1 Timoteo 2:5,6.

REENCARNACIÓN: PARTE CLAVE DE LA NUEVA ERA

El pensamiento de la Nueva Era está impregnado del concepto de la reencarnación: la idea de que la muerte no es el final de la vida terrenal, sino sólo un pasaje a un ciclo de interminables muertes y renacimientos. Como ya hemos visto, la reencarnación es parte clave de las religiones hindú y budista. Y en muchos casos, la ley del karma (causa y efecto, según se evalúen las buenas y malas acciones de la persona) determina en qué «volverá» convertida una persona en la siguiente vida. En algunas formas de hinduismo, el mal karma (causado por las malas acciones) puede hacer que la persona vuelva como animal, gusano, piedra o árbol.

Sin embargo, en el pensamiento de la Nueva Era, la reencarnación se ha convertido en un híbrido que casi siempre pone énfasis en el progreso hacia delante, hasta la autoredención final. Según Russell Chandler, «aunque no todos, pero la mayoría de los reencarnacionistas de la Nueva Era rechazan la idea de que el alma humana pueda trasmigrar hacia atrás, a formas de vida inferiores».[21]

Por ejemplo, la estrella de cine Shirley MacLaine, una de las promotoras de la Nueva Era con mayor autoridad, en sus libros y conferencias minimiza al karma negativo a favor de trabajar por la realización de la divinidad personal. MacLaine, cuyos errores y visiones torcidas de la Biblia son palabra infalible para millones de personas a causa de su exposición en los medios, dice en su éxito de ventas *Out on a Limb* [Lo que sé de mí]: «Leí que las enseñanzas de Cristo sobre la reencarnación fueron eliminadas de la Biblia durante el Quinto Concilio Ecuménico celebrado en Constantinopla en el año 553 d. C.»[22]

En realidad, lo que el Quinto Concilio dictaminó incluía 15 condenaciones del Padre Origen, ninguna de las cuales se refería a la reencarnación. El Padre Origen rechazaba la reencarnación en sus escritos, pero en un lugar había enseñado sobre la preexistencia de las almas. Una de las condenaciones decía: «Si alguien afirma la fabulosa preexistencia de las almas...que sea anatema». El Concilio no eliminó nada de la Biblia.[23]

Contraria al pensamiento de la Nueva Era, la Biblia enseña continuamente sobre la resurrección, y no la reencarnación (ver Salmo 49:15; Juan 5:25; 6:40; 11:25; 1 Corintios 15; 2 Corintios 4:14; 1 Tesalonicenses 4:16). A los de la NE les gusta pensar que tienen cualquier cantidad de tiempo para «corregir», a medida que progresan a algún tipo de salvación autoinducida. La Biblia dice claramente que tenemos una sola oportunidad, y que después de ésta viene el juicio (ver Hebreos 9:27).

SINCRETISMO: TODAS LAS RELIGIONES LLEVAN AL MISMO LUGAR

Uno de los conceptos clave del pensamiento de la Nueva Era es el sincretismo, la idea de que todas las religiones son una y que todas llevan al mismo lugar. En otras palabras, que hay muchos caminos a Dios y al cielo o lo que percibamos que son cualquiera de los dos. El sincretismo es un paso natural más allá del monismo y el panteísmo. Si todo es uno y todo es Dios y nosotros somos Dios, entonces no ha de sorprender que los de la NE crean que todas las religiones tienen un mismo objetivo.

Sin embargo, el concepto del sincretismo de la NE no cuadra para nada con el cristianismo bíblico. Las palabras de Jesús solamente son lo que hace falta para contrarrestar el concepto del sincretismo. Jesús les dijo a sus discípulos: « Yo soy el camino, y la verdad, y la vida; nadie viene al Padre, sino por mí» (Juan 14:6).

Los escritores de la Nueva Era como James Redfield, autor de *La profecía celestina* venden el concepto de la sincronicidad (la interconexión subyacente, frente a la aparente coincidencia de todo en el universo), como camino para eventualmente resolver problemas como la pobreza, el hambre en el mundo, el crimen, la guerra y el terrorismo, y para alcanzar la paz, la luz, la energía, la cooperación, el crecimiento y la felicidad de los seres humanos; todo esto posible a través del desarrollo y el progreso humanos.[24] Pero todo esto es una trampa falsa, una mentira basada en los recursos y capacidades quebrantados de los seres humanos. La Caída sí sucedió. El pecado es una enfermedad integral, abarcadora, voraz, del alma humana que no puede curarse esforzándonos o «encontrando nuevos paradigmas de pensamiento y acción». Todas las religiones no son una misma religión, a pesar de que los seguidores de la NE afirmen que la Era de Acuario hará entrar al nuevo mundo en un orden con tres ideales: un sólo gobierno mundial, un sólo líder mundial y una sola religión mundial.

¿ES UNA CONSPIRACIÓN MUNDIAL EL MOVIMIENTO DE LA NUEVA ERA?

Una cantidad de escritores cristianos han formulado advertencias en contra de la «conspiración de la Nueva Era» para gobernar el mundo. Algunos teóricos de la conspiración señalan los escritos de Alice Bayley, que los de la NE hoy siguen «como receta» para la dominación del mundo.[25] En uno de los libros de Bayley está «La gran invocación», parte de lo que los de la NE llaman «El Plan»:

Desde el centro que llamamos la raza de los hombres
Que se realice el plan de amor y de luz.
Y selle la puerta donde se halla el mal.
Que la luz, el amor y el poder reestablezcan el Plan
   de la Tierra.[26]

Es difícil probar que todo quien está conectado con el movimiento de la NE esté en la «conspiración» y siga el Plan como una receta. Sí hay una cantidad de fervorosos de la NE que está definitivamente a favor del Plan y a favor de que haya un sólo gobierno mundial liderado por un gran líder. Los escritures de la NE como Marilyn Ferguson creen que la red de contactos es clave para esparcir el «evangelio» de la Nueva Era.[27] Esta red de contactos ha estado funcionando al menos desde mediados de la década del 1980, cuando las organizaciones y grupos con objetivos de la NE en común comenzaron a reunirse y vincularse para compartir ideas de cómo convertirse en una fuerza colectiva para transformar al mundo. Uno de los cálculos dice que al menos 10,000 diferentes organizaciones y grupos de la NE trabajan en red, conectados estrechamente de una u otra manera.

El punto es que mientras el movimiento de la NE parece no tener forma, dirección u organización, su sistema de redes le da un medio para compartir objetivos, experiencias espirituales y aspiraciones. Muchas personas que siguen o utilizan los conceptos de la Nueva Era ni siquiera están al tanto de la red o del «Plan», aunque éste sigue siendo el objetivo de miles de dedicados seguidores de la NE que buscan llevar al mundo a la Era de Acuario.

Lo que sí se puede decir con certeza sobre una «conspiración» del movimiento de la NE es que la espiritualidad de dicho movimiento está reñida totalmente con la fe cristiana. Desde que Lucifer fue expulsado del cielo, Satán ha tenido un plan para rebelarse contra su creador y llegar a ser «como el Altísimo» (Isaías 14:14). Como sus principios y doctrinas son la misma antítesis de las Escrituras, el movimiento de la NE es «un componente contemporáneo viable del plan de Satán...para derrotar al Reino de Jesucristo».[28]

La «mentalidad del avestruz» no es la respuesta

Al responder a la Nueva Era, los cristianos quizá sientan la tentación de utilizar la mentalidad del avestruz o la tortuga, que ve que la Nueva Era es algo tan alejado que nadie que esté en sus cabales siquiera pensaría en unirse al movimiento. En verdad, hay muchas personas, incluyendo a muchos cristianos, que inconscientemente o sin intención aceptan y practican conceptos de la Nueva Era en muchas áreas de la vida cotidiana, incluyendo las siguientes:

- Algunas formas de cuidado de la salud holísticas, que presentan «el poder de sanarte a ti mismo».
- El área de los negocios, donde hay compañías importantes como la Ford Motor Company, pagan grandes sumas de dinero para dar seminarios de motivación diseñados para que los empleados puedan sacar a relucir «su divina fuente de energía».
- Algunas escuelas públicas donde los niños, desde los más pequeños hasta los mayores, se ven expuestos a la «educación transpersonal», con un «currículo concluyente» diseñado para ayudarles a encontrar la «mente universal» donde pueden recibir información a través de la meditación y el contacto con «guías espirituales».[29]
- Música y películas. Muchos de los álbumes de la Nueva Era se pueden usar para iniciar experiencias místicas o de meditación.[30] Continuamente aparecen atractivas películas con mensajes de la Nueva Era, como *ET* y *Encuentros cercanos del tercer tipo* (los extraterrestres son buenos, quieren ayudar y son amorosos); *El sexto sentido* (el psicólogo intenta ayudar a un niño que ve fantasmas), y los episodios de *La guerra de las galaxias* («que la fuerza esté contigo»).
- Los juegos de vídeo y la TV, incluyendo las divertidas *Tortugas Ninja*, que en realidad envían un velado mensaje Zen Budista.[31]

- Y todavía más popular es Pokémon (forma corta para POCKEt MONster), unos muñequitos pequeños que pueden atraer a los niños y jóvenes a la fascinación con los poderes ocultos, ya que «convocan» a las fuerzas que muestran sus cartas Pokémon.[32] (Para ver más sobre Pokémon y otros juguetes de lo oculto, ver el Apéndice A.)

Como la NE parece estar en todas partes y prácticamente en todo, parecería lógico ver a todo el movimiento de la NE como peligroso y tabú. Sin embargo, hay algunas cosas que los de la NE dicen con las que los cristianos pueden estar de acuerdo hasta cierto punto. El cuidado del medio ambiente es una de estas cosas. Intentar dar fin a la guerra, el terrorismo, la intolerancia y la discriminación racial o sexual son otros temas más. La solución de la NE para estos problemas se encuentra únicamente en la humanidad –caída, pecadora– y está destinada a terminar en un callejón sin salida.

Para responder al pensamiento de la Nueva Era, los cristianos necesitan tener un cabal entendimiento de su propia fe. Saber lo que enseña la Palabra de Dios es un imperativo. Y aún más importante es conocer la Palabra viva –su Hijo– de manera personal, vibrante. Una de las respuestas favoritas del movimiento de la NE al cristiano que intenta señalar la absoluta verdad de la Biblia es: «Esa es tu realidad, no la mía». Los cristianos solamente podrán responder con confianza, pero también con humildad, que al final, solamente habrá una realidad que será real: Jesucristo, el único camino, la única verdad absoluta y la única fuente de vida.

RESUMEN DE LAS PRINCIPALES DIFERENCIAS ENTRE LA NUEVA ERA Y EL CRISTIANISMO

En cuanto a Dios y Jesucristo: Los de la NE dicen: «Dios es nosotros, y nosotros somos Dios»,[33] y que Jesucristo era solamente uno más en una «línea de maestros espirituales» que continúa hoy día.[34] Los cristianos creen que Dios existe aparte de su creación, y que solamente Él puede ser llamado Dios (ver Isaías 45:12; Romanos 1:25); que Jesucristo es Dios, el único mediador entre Dios y el hombre (ver Juan 14:6; 1 Timoteo 2:5).

En cuanto a la revelación (la Biblia): Los de la NE afirman que la revelación llegó a través de líderes de religiones del mundo y no solamente a través de Jesús. Un escritor de la NE dice que Dios se ve desde diferentes puntos de vista, y que no a todo el mundo se le presenta igual. «Ustedes, brahmanes, lo llaman Parabrahm; en Egipto es Thoth; y Zeus es su nombre en Grecia; Jehová es su nombre hebreo».[35] Los cristianos creen que la revelación está contenida únicamente en la Biblia, la palabra final, infalible, inspirada de Dios (ver 2 Timoteo 3:16,17; Judas 3).

En cuanto al pecado, la salvación y la reencarnación: Los de la NE dicen que la naturaleza humana no es ni buena ni mala, sino que está abierta a continua transformación,[36] que la salvación es la iluminación, «la realización de nuestra propia unión con Dios».[37] La mayoría de los seguidores de la NE creen en la reencarnación, que hace que el alma siga progresando «hasta hacer las cosas bien».[38] Los cristianos creen que toda la humanidad nace en pecado y es condenada ante un Dios santo y justo (ver Romanos 3:9-11,23), que la salvación viene al poner la fe en la propiciación por el pecado obrada por Jesús en la cruz (ver Romanos 3:24,25; Efesios 2:8,9). La Biblia no enseña la reencarnación. El ser humano tiene una vida y luego es juzgado (ver Mateo 7:13; Hebreos 9:27).

CAPÍTULO 10

NADA NUEVO BAJO EL SOL

ONCE PERSPECTIVAS MÁS QUE MINAN, DESAFÍAN O ATACAN AL CRISTIANISMO BÍBLICO

Como hemos visto a lo largo de este estudio de las diferencias, las exclusivas afirmaciones del cristianismo en cuanto a ser la religión que contiene la absoluta verdad en Jesucristo, segunda Persona de la Trinidad, han sido atacadas, criticadas o minimizadas aún a partir del siglo I. Y también hemos visto que muchos de estos ataques provinieron desde su interior, y no sólo desde afuera del cristianismo. De hecho, las iglesias cristianas bíblicas son un lugar favorito de cacería para los sectarios y otros grupos que buscan cristianos que no entienden en realidad su propia teología, y que pueden «sentir» que no satisface sus necesidades. Hay decenas de cultos, grupos y sectas, y cada día parece que surgen nuevos grupos.

Las siguientes once perspectivas presentan algo así como una sección cruzada de lo que actualmente compite por los corazones y mentes de hombres, mujeres, niños y jóvenes. La limitación de espacio nos obliga a tratar estos grupos con mayor brevedad, pero sus orígenes, historia, prácticas y creencias se presentan sucintamente, para compararlas con las enseñanzas bíblicas, de manera que responda a la pregunta: ¿Cuál es la diferencia?

BAHA'I

Origen e historia

Baha'i es un movimiento que inició un mercader de lanas iraní y musulmán shiita para reformar el islam. Muchos musulmanes habían estado esperando a un nuevo profeta sucesor de Mahoma, y, en 1844, Mizra Ali Mohammed (1819-1850) afirmó ser quien anunciaría la venida de ese profeta. Mohammed llegó a ser conocido como «Bab», (puerta que lleva a una nueva era para la humanidad) y sus seguidores se llamaron Babistas. Fue ejecutado en 1850 por celosos musulmanes que no querían reforma alguna.[1]

Trece años más tarde, uno de los seguidores de Bab, Mirza Husayn Ali (1817-1892) tomó el nombre Baha'u'llah, y comenzó a organizar y escribir muchas de las enseñanzas del nuevo movimiento, que dieron en llamar Baha'i. Los escritos de Baha'u'llah (que se calculan en unos 100 a 200 libros y papeles) eventualmente fueron considerados inspirados por sus seguidores. Uno de los más importantes es *El libro más sagrado*, que contiene las leyes que gobiernan al Baha'i.[2]

Después de la muerte de Baha'u'llah en 1892, su hijos Abdu'l Baha' (1844-1921) le sucedió como líder y fue un clave en llevar el Baha'i a los EE.UU. en 1893. Maestro destacado e intérprete de las obras de su padre, Abdu'l Baha' fue quien lideró la construcción de un templo Baha'i de 2.5 millones de dólares en Wilmette, Illinois, al norte de Chicago. Abdu'l Baha' murió en 1921, y su nieto educado en Oxford, Shoghi Efendi, fue designado para guiar al Baha'i como Guardián de la Fe. Efendi murió en 1957, sin sucesor designado. En

1963, se eligió la Primera Casa Baha'i de Justicia Universal, una junta de nueve personas considerada infalible para gobernar los asuntos de 6,500,000 de miembros de la fe Baha'i, desde su sede central en Haifa, Israel.[3]

Enseñanzas y prácticas

El Baha'i es sincretista, y afirma que las principales religiones del mundo no son contradictorias ni compiten, sino que son todas verdaderas por igual. Según los seguidores del Baha'i, el judaísmo, el islam, el budismo, el cristianismo y el hinduismo concuerdan todos en sus principios básicos; las únicas diferencias son «detalles sin consecuencia».[4] El Baha'i también enseña que Adán, Abraham, Moisés, Krishna, Buda, Jesús y Mahoma fueron todos manifestaciones iguales de Dios, cada uno un profeta genuino[5], divino, sin pecado e infalible. Cada uno vivió y enseñó en su época o ciclo, e instruyeron a sus contemporáneos de manera entendible.

Sin duda, el corazón de las enseñanzas de Baha'i está en los escritos y afirmaciones de Baha'u'llah, considerado profeta asignado por Dios, mayor a todos los demás profetas. Aunque no llegó a afirmar ser Dios, Baha'u'llah sí afirmó ser más importante que todas las manifestaciones anteriores, incluyendo a Jesús. Al dictar la ley para los seguidores de Baha'i, impuso estrictas reglas sobre la adoración diaria, que incluyen el deber de lavarse las manos y la cara tres veces al día, volverse hacia la tumba de Baha'u'llah, y recitar la Oración Obligatoria. Además, deben repetir a diario las palabras «Allah-u-Abha» (Dios de la más alta gloria). Todos los meses de marzo, los Baha'i deben ayunar desde el amanecer hasta el atardecer durante 19 días.

Uno de los objetivos principales de Baha'i es la unidad de la humanidad. Con esto, se refieren a un imperio político internacional en el que el baha'ismo habría de ser la religión oficial. Según el pensamiento Baha'i, todas las naciones deben renunciar a su soberanía y permitir que las gobierne el súper estado mundial Baha'i. Todo ser humano sobre el planeta Tierra estaría sujeto al parlamento Mundial Baha'i.[6]

Entonces, ¿cuál es la diferencia?

1. La visión Baha'i de Dios es estrictamente el mismo monoteísmo del judaísmo o el islam: Dios es uno, y punto. Compare Génesis 1:26; 3:22; 11:7; Isaías 6:8 para ver referencias en el Antiguo Testamento donde Dios se refiere a sí mismo como pluralidad de personas.[7] Comparar también Mateo 28:19; Juan 14:6; 15:26; 2 Corintios 13:14; 1 Pedro 1:2 para ver referencias a la Trinidad, Padre, Hijo y Espíritu Santo, en el Nuevo Testamento.

2. Los Baha'i ven a Jesús como un hombre más cuya carrera como Señor terminó cuando Mahoma fundó el islam en el siglo VII.[8] Los maestros del Baha'i categóricamente rechazan la Trinidad, la encarnación de Jesús, su resurrección física de la muerte y la necesidad del sacrificio de propiciación de Jesús por los pecados.[9] Comparar Mateo 1:23; 3:16,17; Marcos 16:1-6; Juan 1:1-5; Romanos 3:24-26; 1 Corintios 15:12-15; 1 Juan 2:2; 4:10.

3. Los Baha'i afirman que Baha'u'llah es el cumplimiento de la promesa de Cristo acerca del Espíritu Santo. Baha'u'llah con sus enseñanzas empequeñece a Jesús, reduciéndolo nada más que a una «manifestación», en lugar de admitir que es Dios, y que su momento pasó y ha sido reemplazado por una manifestación más grande y reciente: Baha'u'llah mismo.[10] Comparar Juan 14:1-9, donde Cristo afirma claramente su deidad, y Juan 14:16-18 y 16:12-15, donde Jesús dice con claridad que el Espíritu de la verdad vendrá para glorificarle a Él y ayudar al cristiano.

4. Los teólogos Baha'i niegan que Cristo sea el único camino a Dios. Según los Baha'i la verdad religiosa es relativa y no absoluta, y la revelación es continua y no definitiva.[11] Comparar Juan 1:14; 14:6; 18:37. En todas estas citas, se enseña que Cristo es la fuente de vida y verdad.[12]

Resumen

Las diferencias entre el Baha'i y el cristianismo son numerosas, aunque quizá la diferencia clave sea el sincretismo del Baha'i, una especie de monismo, que dice que todas las religiones son una y que todas concuerdan entre sí (siempre y cuando le den su lealtad definitiva a Baha'u'llah, la última y más grande manifestación). El Baha'i enseña algunos principios buenos para el desarrollo de la integridad personal, pero su absoluta dependencia de las obras para evitar el juicio hace que confíen en la obediencia a la ley (las leyes de Baha'u''lah) para lograr lo que ellos llaman salvación.

CIENCIA CRISTIANA O CIENCIOLOGÍA

Origen e historia

La ciencia cristiana es la madre de las ciencias mentales como familia de religiones (Ciencia Religiosa, la Escuela Unida del Cristianismo, y muchos grupos de la Nueva Era).[13] La ciencia cristiana surgió del fermento religioso e intelectual del siglo diecinueve, que incluía de todo, desde la adaptación de las creencias panteístas del hinduismo al trascendentalismo de Nueva Inglaterra, introducido por Ralph Waldo Emerson y Henry David Thoreau, al hipnotismo, la metafísica de lo oculto, la sanación mental y los intentos por contactar a los muertos y otros espíritus por medio de sesiones espiritistas.[14]

Mary Baker, nacida en 1821 en una familia humilde aunque estrictamente congregacionalista, solía enfermar muy a menudo de niña. Se casó a los 22 años, pero su esposo George Glover murió tan sólo siete meses después de la boda. Mary estaba encinta, y quedó en un terrible estado emocional de inestabilidad, dependiente con frecuencia de la morfina como remedio para sus dolencias, hábito que mantuvo toda su vida. Después de un segundo (y fallido) matrimonio con el Dr. Daniel Patterson, se casó por tercera vez a los 56 años con Asa Eddy.[15] Cinco años después Asa murió. Mary rompió una regla esencial de la ciencia cristiana y exigió una autopsia. En un artículo de prensa, acusó a sus ex alumnos de envenenar mentalmente a su esposo con hipnotismo malicioso bajo la forma de arsénico.[16] Mary Baker Eddy es reconocida como la que descubrió y fundó la ciencia cristiana o cienciología, aunque sus afirmaciones de verdad y originalidad no tienen fundamento ni de postración. Por un lado, sus enseñanzas dependen de su asociación con Phineas Parkhurst Quimby, un sanador metafísico de Maine, quien trató a Eddy por «inflamación de la espina dorsal». El libro de Eddy, *Science and Health with Key to the Scriptures* [Ciencia y salud con la clave a las escrituras] (texto principal y con autoridad de la cienciología, el cual Eddy afirma lo escribió sin ayuda alguna), contiene muchos pasajes plagiados del libro de Quimby.[17] Además, los historiadores modernos han demostrado que Eddy plagió obras de otros escritores también, sin darles crédito alguno.[18] Además, la afirmación de Eddy en cuanto a que luego de una grave lesión en una caída que casi le produjo la muerte, leyó la Biblia y se levantó al tercer día completamente sana, fue expuesta como falsedad por su propio médico, el Dr. Alvin M. Cushing.[19]

Aún así, Eddy fue una líder llena de energía, y una gran promotora. Fundó la Iglesia de Cristo Científica en Boston en 1879. Para cuando murió en 1910, había aproximadamente un millón de miembros en todo el mundo. Hoy, la cienciología tiene aproximadamente 200,000 miembros en 66 países.[20] En la década de 1990, hubo varios casos de abandono de niños, de parte de padres de la cienciología. Los niños murieron luego de que los padres decidieran confiar únicamente en la oración cienciológica, aunque las muertes de sus hijos habrían sido fácilmente evitables.[21]

Enseñanzas y prácticas

La cienciología y otras ciencias de la mente interpretan la Biblia desde la perspectiva de un sistema de creencias que rechaza la idea de un Dios Creador infinito, personal, bondadoso y cualitativamente independiente de su Creación. La cienciología enseña que Dios «no es una persona. Dios es un principio», el principio de la Mente Impersonal.[22]

En *Ciencia y salud,* se enseña que «no hay vida, verdad, inteligencia o sustancia en la material. Todo es Mente Infinita y su infinita manifestación, porque Dios es todo en todo». Además, «el hombre no es material; es espiritual».[23] Según la perspectiva de la cienciología no hay realidad en el mundo físico; por eso, esto es solamente un pequeño paso hacia la conclusión de que el mal, el pecado, la enfermedad y la muerte son meras «ilusiones de la mente mortal».[24]

La negación de la cienciología en cuanto a la realidad de lo físico es similar al panteísmo hindú, que reduce a Dios a una fuerza o idea impersonal. Además, el mundo material es mera ilusión. El resultado práctico de las enseñanzas de la cienciología es que la convicción de que la enfermedad, el sufrimiento y el mal no tienen existencia objetiva («todo está en tu mente»); por ello, la *materia médica* (la medicina material), es innecesaria.[25] Sin embargo, la perspectiva bíblica enseña claramente que el Dios personal e infinito creó el universo físico como creación fuera de su ser, como algo real y originalmente bueno (ver Génesis 1:4,10,12,18,21,25,31). Según la Biblia, el mal, el pecado, la enfermedad y la muerte son resultados de la Caída (ver Génesis 3 en referencia a la desobediencia de Adán, y Romanos 3:10-23; 5:12-21; 6:23, para ver los resultados de dicha desobediencia). Mientras la cienciología niega la validez de la ciencia de la medicina, la perspectiva del cristiano bíblico da la bienvenida a los avances de la medicina, que explica y ayuda a contrarrestar las causas físicas de muchas dolencias humanas.

Entonces, ¿cuál es la diferencia?

1. La cienciología dice que hay que interpretar la Biblia a través de la elevada y definitiva revelación del libro de Mary Baker Eddy, *Ciencia y salud con clave a las escrituras.*[26] Comparar Deuteronomio 4:2; 2 Timoteo 3:16; Hebreos 1:1,2; Judas 3, que enseñan la inspiración divina de las Escrituras.

2. Los miembros de la ciencia cristiana o cienciología afirman que la sanación y el uso de los métodos de la cienciología «demuestran» que ésta es auténtica. Comparar Éxodo 7: 11, 12, 13 y Mateo 7:22,23, que muestran con claridad que los falsos profetas podrían realizar milagros y alejar a las personas de Dios.

3. La cienciología enseña que «la teoría de tres personas en un mismo Dios (es decir, una Trinidad o triunidad), sugiere politeísmo en lugar de el omnipresente YO SOY... Jesucristo no es Dios, como lo declaró Jesús mismo, sino el Hijo de Dios».[27] En contraste, la Biblia dice con claridad que Jesús era Dios. No hay contradicción entre decir que Jesús es Dios y que Jesús es el Hijo de Dios a causa de la doctrina de la Trinidad (ver Juan 1:1, 2; 5:19; 8:58; 14:6-9; 2 Pedro 2:1).

4. La cienciología afirma que «Dios es el principio del hombre, y como el principio del hombre permanece perfecto, su idea o reflejo –el hombre– permanece perfecto».[28] En contraste, la Biblia enseña claramente que los hombres y mujeres son creados por Dios, cualitativamente diferentes de Dios, y que distan mucho de ser perfectos (ver Génesis 1:26,27; 2:7; Romanos 3:9-23; 5:12-21).

5. La cienciología dice que «la sangre material de Jesús no fue más eficaz para lavar los pecados cuando fue derramada en 'el maldito árbol' que cuando fluía en sus venas. Los estudiantes de Jesús supieron que no había muerto».[29] Por el contrario, la verdad central del evangelio y la propiciación en la muerte y resurrección de Jesucristo (ver Mateo 27:50-60; Romanos 10:9; 1 Corintios 15:1-4).

6. La cienciología enseña que «el pecador crea su propio infierno haciendo el mal, y el santo su propio cielo al hacer lo bueno...».[30] El hombre, como idea de Dios, ya es salvo con salvación eterna.[31] En contraste, la Biblia advierte con firmeza que el pecado lleva a la muerte y a la separación de Dios, y que no somos «salvos ya», sino en

desesperada necesidad de salvación por medio de la muerte y resurrección de Cristo por nosotros. Jesús también advirtió con claridad en contra de un infierno real (ver Romanos 3:23; 6:23; también Mateo 8:12).

7. La cienciología niega que el Espíritu Santo sea la tercera «persona» de la Trinidad, porque Dios es impersonal.[32] Esto es claramente refutado por Juan 14:15-18, 26, 27; 15:26; 16:7-14, que establece que el Espíritu Santo es enviado por el Padre y Cristo para estar con los creyentes como Dios.

8. La cienciología niega la oración: «El mero hábito de rogarle a la Mente divina, como uno le ruega a un ser humano, perpetúa la creencia de Dios como circunscrito a lo humano, un error que impide el crecimiento espiritual».[33] Comparar 1 Crónicas 16:11; Mateo 7:7, 26:41; Lucas 18:1; Juan 16:24; Filipenses 4:6; 1 Tesalonicenses 5:17, lecturas que todas dicen que debemos orar siempre por todas las cosas. Dios quiere que nos comuniquemos con Él.

Resumen

Debido a la perspectiva de Mary Baker Eddy y su interpretación totalmente distinta de la realidad, la cienciología y el cristianismo son totalmente opuestos. Eddy dijo: «los enfermos no sanan meramente por declarar que no existe la enfermedad, sino por saber que no la hay».[34] Sin embargo, la Biblia enseña que la enfermedad –física y espiritual– es muy real, y que Cristo es el gran Médico (ver Mateo 4:23,24; Lucas 4:40).

EVOLUCIONISMO

Origen e historia

El evolucionismo, también llamado darwinismo o cientismo es una «religión» basada en la teoría de Charles Darwin que dice que todas las formas de vida han evolucionado a partir de un ancestro en común. La idea de la evolución existe desde la época de los antiguos filósofos griegos. Darwin (1809-1882) fue el primero en hacer popular el concepto en su libro *El origen de las especies por medio de la selección natural,* publicado en 1859.

En *El origen de las especies,* Darwin deja lugar para la creencia en el creador, aunque no como parte importante del proceso. Aunque su teoría de la evolución por selección natural se anunció como «asombroso avance científico», lo que él realmente estaba haciendo era utilizar la ciencia para «probar» la perspectiva del naturalismo (la naturaleza es todo lo que existe). En este sentido, el evolucionismo o darwinismo puede verse como «religión», en particular en la comunidad científica que se niega a permitir la posibilidad de que Dios –causa sobrenatural– haya creado la vida. Como dijo Charles Colson, «el naturalismo puede presentarse y desfilar como ciencia que domina hechos y cifras, pero es una religión».[35] Según la teoría de Darwin de la selección natural, las plantas y animales son depredadores para poder sobrevivir, y se ajustan a su ambiente, a veces por medio de la mutación, en que desarrollan nuevas características, capacidades o propiedades que les dan mejores posibilidades para sobrevivir. Estas características y capacidades permiten que solamente las especies mejor adaptadas a su medio ambiente sobrevivan. A medida que estas capacidades se vuelven permanentes, aparece una nueva especie.

Darwin creía que a partir de una o unas pocas formas originales la selección natural («la supervivencia del más apto»), había producido todas las especies animales que existieron o existen. Darwin no tenía prueba objetiva de la evolución de «ameba a hombre». Sin embargo, su teoría impactó en la sociedad como una bomba. Los que no querían creer en Dios o en su «interferencia» con el orden natural la aceptaron como «razón» científica para desechar a Dios y al «mito de la creación» de la Biblia. Muchos líderes cristianos rechazaron vehementemente la evolución. Charles Spurgeon llamó a la idea un «error monstruoso que será puesto en ridículo antes de que pasen veinte años más».[36] Lejos de ser ridiculizado por el público en general, la teoría de Darwin ganó credibilidad y popularidad. En la última parte del siglo XIX, y a comienzos del veinte, los cristianos pelearon –sin poder vencer– una dura batalla intentando defender al Génesis frente a la aparentemente todopoderosa ciencia, que parecía poder explicarlo todo. Algunos cristianos en escuelas teológicas y universidades lograron encontrar el modo de acomodar su fe con la evolución, convirtiéndose en «evolucionistas teístas».

A medida que la controversia presentaba altibajos, los círculos académicos fueron cada vez más intolerantes con respecto a cualquier cosa que tuviera sesgos de autoridad surgida de fuera del plano de la ciencia.[37] La evolución completamente naturalista se convirtió en la «ortodoxia» científica reinante en la educación estadounidense, y la descreencia en la evolución se convirtió a su vez en «herejía» académica.

Enseñanzas y prácticas

Hoy, la evolución se enseña como hecho real, cuando en verdad es una teoría que apoya la filosofía del naturalismo, una perspectiva que dice que la naturaleza es lo único que existe. Dios no entra en escena. Típicamente, lo que aparece en los libros de texto es: «Al unir la variación no dirigida y sin propósito con el proceso ciego de la selección natural Darwin hizo que las explicaciones teológicas o espirituales de los procesos de la vida fueran superfluos».[38]

En 1995, la Asociación Nacional de Maestros de Biología resumió su postura en la enseñanza a los estudiantes de la escuela secundaria en cuanto a los orígenes de la vida, al decir que ésta resulta de «un proceso natural, no supervisado, impersonal e impredecible».[39]

Lo que declaraciones como ésta expresan es que el sistema educativo está en manos de personas que creen que la vida es resultado de procesos puramente materiales que actúan al azar, ciegamente. Dios está ausente, y si Dios –el creador– no creó la vida, entonces no necesitamos a Dios ni su moral. Como dice el biólogo William Provine, «No hay vida después de la muerte; no hay fundamento para la ética; no hay significado supremo en la vida; no hay libre albedrío».[40]

A pesar de que el mismo Darwin no estaba seguro de cómo había comenzado la primera forma de vida, dudaba en afirmar que proviniera de la nada. Al terminar *El origen de las especies*, habló de que la vida podría haber «sido originalmente insuflada por el Creador, en unas pocas o una sola forma de vida».[41] Sin embargo, una vez los científicos y los humanistas seculares decidieron que la evolución «tenía que ser lo que había sucedido», llenaron los espacios en blanco que Darwin pudiera haber dejado.

Los evolucionistas en general creen que el origen del universo data de hace tres o cuatro mil millones de años, y que comenzó con un «Big Bang» [Gran Explosión], y que –de alguna manera– el planeta Tierra se formó con condiciones que eran «las adecuadas» para la vida. La primera chispa de vida surgió (no fue creada) a través de una series de «accidentes» que combinaron química y energía (posiblemente, rayos o relámpagos). Otra posibilidad es que la vida se haya formado en los océanos en lo que algunos evolucionistas llaman «sopa prebiótica». De una manera u otra, esta primera manifestación de vida logró sobrevivir y reproducirse. Este proceso continuó hasta que finalmente surgió una célula. Algunos evolucionistas creen que tomó tanto tiempo que esa primera mota de vida se convirtiera en la primera célula, como se requirió para que la primera célula progresara hasta convertirse en hombre.

Esa primera célula viva, entonces, se reprodujo y evolucionó a lo largo de eones mediante procesos naturales nada más (selección natural, mutación, etc.) y eventualmente se desarrolló para formar plantas y animales simples, luego peces, luego anfibios, luego reptiles y por último, mamíferos. De los primeros mamíferos, salieron los primates: los monos, simios y finalmente, el hombre.[42]

Según la teoría de Darwin, todo esto sucedió no sin grandes saltos o cambios repentinos, y en pasos o etapas progresivas. Tanto los creacionistas como los evolucionistas reconocen pequeños cambios en las especies, llamándolos micro evolución. El darwinismo afirma que con la suficiente cantidad de tiempo, la micro evolución de las especies dio como resultado la macro evolución: evolución de especie en especie, que causa la transición necesaria como para probar que la teoría de Darwin es «un hecho».

Desde el principio mismo los cristianos se opusieron a las teorías de Darwin, no solamente por las presunciones de la macro evolución, sino sobre la base de la evidencia misma. La evolución de

Darwin no es un hecho porque *la macro evolución no sucedió*. La principal evidencia en contra de la macro evolución está en los registros fósiles y en la complejidad de la célula. Simplemente no hay evidencia concluyente en los fósiles del modo en que los organismos unicelulares pudieran pasar por las diferentes etapas que les llevaran a formar complejas plantas y animales.

En cuanto a la célula única que surgiera de la «sopa prebiótica» para luego evolucionar hasta dar lugar al ser humano, esto también se ha comprobado que es un callejón sin salida para los darwinistas. En su libro *Darwin's Black Box* [La caja negra de Darwin] el biólogo molecular Michael Behe define «la irreducible complejidad de los mecanismos moleculares». Según lo explica Behe, la célula era «una caja negra» para Darwin. Es decir que su funcionamiento era un total misterio para él. Sin embargo, Behe ahora ha abierto la caja negra y su trabajo −reconocido en toda la comunidad científica− ha demostrado que los complejos sistemas en una célula dependen de demasiadas partes interconectadas como para que se hubieran ido formando gradualmente, paso a paso, a lo largo de un extenso período de tiempo.[43] Behe dice que no hay tiempo suficiente como para que sucediera esta macro evolución, por muchos años que pasaran.

A causa del problema del tiempo se propusieron nuevas teorías evolucionistas, como la de Stephen Jay Gould y su «equilibrio puntualizado», que dice que la evolución podría haber sucedido en períodos de tiempo extremadamente cortos Sin evidencia contundente, estas teorías todavía necesitan ser demostradas.[44]

Más allá de los problemas para los evolucionistas en los registros fósiles y la irreducible complejidad de la célula, está la pregunta primaria de todas estas teorías: Si, de hecho, todo comenzó con el «Big Bang», ¿de dónde salieron los elementos del Big Bang, y qué había antes de éste?

Entonces, ¿cuál es la diferencia?

1. Los que creen en la evolución naturalista afirman que el proceso de la evolución no está supervisado por ninguna

154 E N T O N C E S , ¿ C U Á L   E S   L A   D I F E R E N C I A ?

deidad, y que por ello, sucede al azar. En contraste, la Biblia enseña sobre el Dios personal y poderoso que con todo amor creó el universo, la tierra y todas las criaturas vivientes que lo habitan (ver Génesis 1:1-31; Salmo 24:1; Romanos 1:18-20).

2. La evolución naturalista enseña que no hay propósito ni significado en la vida, que surgió espontáneamente de una ciega combinación de tiempo, azar y materia. La Biblia, sin embargo, nos dice que Dios creó (ver Salmo 33:6-9 e Isaías 45:18); que la creación muestra claramente la gloria de Dios (ver Salmo 19:1-4 y Romanos 1:18-20); que Jesucristo estuvo allí desde el primer momento (ver Juan 1:1-5 y Colosenses 1:16-18), y que en lugar de la nada, Dios ofrece la vida eterna y la oportunidad de pertenecer a Él (ver Juan 1:10-12; 3:15, 16; 1 Corintios 8:6).

3. El evolucionismo afirma que no hay nada especial o sagrado en la humanidad. La evolución reduce al hombre al estado de un animal altamente desarrollado que en realidad no es más valioso que una vaca o un pollo.[45] Comparar con Génesis 1:26,27; 5:1; Santiago 3:9, que enseñan que el hombre fue creado a imagen y semejanza de Dios. Ver también Génesis 1:28; Salmo 8:4-8; Mateo 6:26; 12:11,12, que enseñan el valor del ser humano a los ojos de Dios y su preeminencia por sobre los animales y el resto de la creación.

4. El evolucionismo teoriza que los humanos no son «libres», sino que están predeterminados por sus genes y medio ambiente. Comparar con Génesis 2:17; Deuteronomio 30:19; Josué 24:15; 1 Reyes 18:21, que definen la elección que siempre tenemos; ver también Marcos 8:36; Lucas 15; Romanos 6:23, para ver las consecuencias de nuestro libre albedrío.

5. Una de las conclusiones inexorables que pueden sacarse de la evolución es que la selección natural (supervivencia del más apto) derriba los valores morales universales basados en la ley divina. Las Escrituras enseñan que la moral

no queda a elección del hombre pecador (ver Éxodo 21:1-17; Mateo 22:37-40). Ver también Deuteronomio 6:25; Juan 9:11; Romanos 13:1; 1 Juan 3:4, que enseñan que la ley y la autoridad provienen únicamente de Dios.

6. La evolución naturalista y la fe cristiana son incompatibles: «Los seres humanos no cayeron de la perfección al pecado como enseñó la Iglesia durante siglos; estábamos evolucionando, y aún estamos haciéndolo, hacia niveles más elevados de conciencia».[46] Comparar Mateo 9:13; Juan 3:16,17; Romanos 10:13; 1 Timoteo 2:4; Tito 2:11; 1 Juan 3:18, que dicen que la única esperanza para el ser humano pecador es la salvación brindada por Dios, y no la evolución.

Resumen

Aunque muchos científicos sumamente calificados que no son creacionistas dicen que la macro evolución es una teoría en bancarrota, y que hay que encontrar alguna otra solución. Los que creen en el evolucionismo siguen predicando su evangelio, que según un eminente zoólogo es «un cuento de hadas para adultos…totalmente inútil».[47] Sin embargo, Isaac Asimov, reconocido humanista secular y ateo, repite el credo evolucionista con convicción: «las formas simples de vida surgieron hace más de tres mil millones de años, y se han formado espontáneamente de materia inerte».[48]

La afirmación de fe de Asimov (no el hecho en verdad) nos recuerda una historia que ha estado dando vueltas en la Internet. Parece que un científico fue provocado por sus pares a decirle a Dios que como clonar personas ya era prácticamente una realidad, y que los muchos milagros de la ciencia ocurrían a diario, Él ya no era necesario. Quizá, Dios podía jubilarse o «perderse».

Después de oírlo con paciencia, prácticamente Dios dijo: «Muy bien, ¿qué te parece esto? Hagamos un concurso de creación de personas».

«¡Bien!», dijo el científico.

«Pero», agregó Dios, «lo haremos igual que lo hice yo en los viejos tiempos con Adán».

«No hay problema», dijo el científico, agachándose para tomar un puñado de polvo.

Dios sonrió y dijo: «No, no, no. Tienes que hacerlo con tu propio polvo».[49]

Aunque este cuento tiene un sesgo obvio, sí logra mostrarnos algo: aunque los científicos son brillantes, no saben cómo obtener (crear) su propio polvo de la nada. Sin embargo, hay una explicación a la que un creciente número de científicos le prestan atención: *en el comienzo, Dios creó los cielos y la tierra.*

MASONERÍA

Origen e historia

La masonería es la orden fraternal internacional más grande del mundo. Es una sociedad secreta que busca perpetuar sus tradiciones a través de simbolismos, rituales y juramentos que se hacen so pena de muerte en caso de romperlos.[50] La masonería es un movimiento de diversidad, con muchas ramas definidas (las principales son el rito de York y el rito escocés). No hay autoridad central única ni libro o definición de la masonería, aceptados por todos los masones.[51] Para poder ganar credibilidad y prestigio, los masones afirman tener lazos con los antiguos relatos bíblicos. Las leyendas masónicas incluyen afirmaciones no probadas de que los primeros delantales masones (utilizados en ritos de iniciación) fueron las hojas de higuera usadas por Adán y Eva; que la masonería data del tiempo de Salomón, quien utilizó a los maestros masones constructores para edificar el templo; que la masonería está conectada con los relatos bíblicos de la Torre de Babel, Noé y Set.[52]

Los orígenes que más pueden rastrearse de la masonería se hallan en James Anderson, George Payne y Tehopholis Desaguliers, que fundaron la primera logia masónica en Londres, Inglaterra, en 1717. Pronto surgieron otras logias en Inglaterra y Europa. La primera logia masónica de los EE.UU. comenzó en Boston en 1733. Durante el siglo XIX, la masonería se convirtió en una poderosa institución con varios miles de logias en todo el territorio de

EE.UU. Pero durante ese siglo, hubo grandes ataques contra la masonería, en parte a causa de la desaparición y aparente muerte de William Morgan, un ex masón que había revelado al público secretos masones. Se sospechó que los masones le jugaron sucio, pero no hubo prueba o evidencia al respecto.[53]

Ha habido muchos estadounidenses famosos que eran masones, incluyendo a George Washington, John Wayne, Henry Ford y el General Douglas MacArthur.[54] En 1991, había casi 2.5 millones de masones en EE.UU., una cifra reducida si se la compara con los cuatro millones de 1959.[55]

Enseñanzas y prácticas

La masonería enseña los valores cívicos de la fraternidad, la caridad y la ayuda mutua,[56] y que todas las religiones reconocen al mismo Dios.[57] La logia combina sus propios mitos y rituales con elementos de otras religiones, incluyendo el cristianismo, el islam, el judaísmo y la religión egipcia.[58] Joseph Smith, fundador de la iglesia mormona, era masón, y los rituales mormones son similares, si no idénticos, a los masónicos.[59]

La atracción de la masonería es que se autoproclama como hermandad de hombres para «hacer mejores a los hombres buenos» y que profesa no contener «contradicciones con el cristianismo». En realidad, las ideas fundamentales de la masonería provienen del antiguo gnosticismo, y de fuentes esotéricas y paganas.

En sus niveles iniciales, la perspectiva religiosa que subyace a la masonería es el deísmo o unitarismo, y ambos enseñan que Dios es el creador, digno de adoración, que la virtud y la piedad son buenas, que los humanos deben arrepentirse del pecado y que en la vida después de la muerte habrá recompensas y castigos.[60] Pero la masonería enfáticamente rechaza la idea de que Dios se revela a sí mismo clara y específicamente a lo largo de la historia de Israel, de la Biblia y Jesús, el Mesías. Casi todas las denominaciones de iglesias comprometidas con la verdad bíblica que han estudiado la cuestión, han concluido que la masonería es incompatible con la fe cristiana.[61]

En sus niveles superiores, la perspectiva religiosa tiene raíces en lo oculto y es muy similar a las enseñanzas de la Nueva Era. Cuanto más progrese uno en la masonería, tanto más se involucra en lo oculto, en el espiritismo, el engaño y las blasfemias contra Dios.[62] La ecléctica mezcla y combinación de religiones que se encuentra en la masonería, tiene mucho que ver con la Nueva Era y el deseo postmoderno que tiene la gente por construir su propia verdad y espiritualidad.

Aunque parezca sorprendente, muchos cristianos ven la masonería como un juego inocuo, un arreglo de redes para gente de negocios con el beneficio adicional del servicio a la humanidad a través de los hospitales Shriner y otras excelentes formas de buenas obras. No lo ven como religión y filosofía que en esencia entra en conflicto con las verdades fundacionales cristianas.

Entonces, ¿cuál es la diferencia?

1. La Biblia no es la única Palabra de Dios. «La Biblia es utilizada entre los masones como símbolo de la voluntad de Dios, sea como fuere que se exprese. Por eso, lo que sea que… exprese podrá usarse como sustituto de la Biblia en una logia masónica» (es decir, el Corán o las Vedas).[63] Comparar el Salmo 119:105; Isaías 48; 2 Timoteo 3:15,16; Hebreos 4:12; 2 Pedro 1:16-21, para ver ejemplos de por qué la Biblia es la autoridad definitiva, eterna y confiable del cristiano para la fe y la práctica.

2. El Dios de la Biblia se identifica con otros dioses, y el verdadero nombre de Dios es «Jabulon», que explica por qué «Jah, Bul y On aparecen en el ritual estadounidense del grado de Arco Real, bajo la suposición de que Jah era el nombre sirio de Dios; Bul (Baal), el nombre caldeo, y On, el nombre egipcio».[64] Contrastar con Jueces 3:7; 2 Reyes 17:9-18; Jeremías 19:4,5,15 para ver por qué la identificación masónica del Dios de la Biblia con deidades paganas es blasfemia, condenada por Dios.

3. Jesús no es Dios Hijo, ni es el Salvador del mundo. «Jesús era nada más que un hombre… uno de los grandes hombres del pasado, pero no divino ni tampoco el único medio de redención para la perdida humanidad».[65] En directa contradicción, la Biblia dice que Jesús fue el único Hijo de Dios y Salvador del mundo (ver Juan 1:1, 14; Filipenses 2:9-11; Colosenses 1:15-17; 2-9).

4. Los humanos son básicamente buenos, hasta divinos, y la naturaleza humana es perfectible. «La perfección ya está dentro. Todo lo que se requiere es quitar la rudeza…quitar los vicios de nuestro corazón y conciencia… para que surja el perfecto hombre y masón desde dentro del propio ser».[66] Comparar Tito 2:11-14; 1 Juan 1:5-10; 3:1-3, para ver por qué la perfección no es posible en esta vida. También comparar Marcos 7:20-23; Gálatas 2:15,16; Efesios 2:1-13 para ver qué dicen las escrituras sobre los seres humanos y por qué necesitan la salvación de la muerte espiritual.

5. La masonería utiliza la Biblia, pero omite el nombre de Jesús en las referencias a las Escrituras. Pronunciar el nombre de Jesús está prohibido en los rituales y oraciones masónicos.[67] Ver Juan 14:13,14; Hechos 4:12; 2 Tesalonicenses 1:12 para ver la importancia del nombre de Jesús para el cristiano.

6. La masonería es la única fe verdadera para levantar el velo de la oscuridad espiritual en el mundo. «La masonería es la religión universal, eterna, inmutable, como Dios la plantó en el corazón de la humanidad universal… todas las [religiones] que han existido tienen una base de verdad, y todas han barnizado esa verdad con errores».[68] Comparar Juan 1:14; 14:6; 18:37; Gálatas 1:6-9; 1 Juan 2:22 para ver la fuente de verdad real y la condenación en las Escrituras para quienes afirmen lo contrario.

HARE KRISHNA

Origen e historia

Conocida oficialmente como Sociedad Internacional para la Conciencia Krishna (ISKCON en inglés) Hare Krishna se inició en EE.UU. a partir de Abhay Charan (1896-1977), un hindú de Calcuta. Charan arribó a la ciudad de Nueva York en 1965 e inmediatamente consiguió seguidores entre los jóvenes pertenecientes a la contracultura que le dieron el título de Swami Prabhupada (que significa «a cuyos pies se sientan los maestros»).[69]

Al poco tiempo, Swami Prabhupada había abierto centros ISKCON en muchas ciudades importantes. Antes de su muerte a los 82 años, había publicado 70 volúmenes de traducción y comentarios sobre las escrituras hindúes, incluyendo el *Bhagavad Gita* [Tal como es]. Además, organizó la ISKCON como red mundial de *ashrams* (comunidades religiosas), escuelas, templos y granjas.[70]

Swami Prabhupada fue el último y más grande de una larga línea de gurús Krishna. En el siglo XVI, Caitanya Mahaprabhu, que venía de una familia de sacerdotes brahmanes en Bengala, India, fundó la secta Krishna, enseñó y puso en práctica la antigua tradición de adorar a Krishna, iniciada entre el siglo II a. C. y el II d. C. Las escrituras hindúes escritas durante ese período hablaban de Krishna, que era el octavo avatar (encarnación) de Vishnu, una de las tres deidades principales del hinduismo.[71]

Según la teología hindú, cada vez que la dharma (orden) se viera amenazada y fuera evidente la necesidad de enderezar las cosas, aparecería una encarnación de Vishnu, y de éstas, la mayor sería Krishna. En la épica del Bhagavad-Gita, Krishna maneja un carro que guerra y sirve al gran guerrero Arjuna, enseñándole la diferencia entre el bien y el mal. En otros escritos populares conocidos como *Puranas*, que se convirtieron en el texto de la gente hindú en general, Krishna se retrataba como un gran amante, que sedujo a 100 vírgenes a la vez, y eligió finalmente a una como esposa. La relación entre Krishna y su esposa, Radha, simboliza la «divina relación humana que está en el corazón de la religión krishnaita».[72]

Cuando Caitanya fundó el krishnaismo a comienzos del siglo XVI, ya se había convertido en *sannyasi* (quien renuncia al mundo). Como dinámico defensor del *vishnuismo* y en especial de la adoración a Krishna, atrajo seguidores bailando y cantando el nombre de Krishna en las calles. Caitanya enseñaba que el amor directo de Krishna era la forma más segura para librarse de la ignorancia y el karma (las consecuencias de las acciones pasadas), y alcanzar el *nirvana* (dicha).[73]

Caitanya atrajo a muchos seguidores en Bengala y el noreste de India y el krishnaismo siguió floreciendo a lo largo de los siglos. En la década de 1930, Abhay Charan (quien se convertiría en Swami Prabhupada) fue iniciado en la secta Caitanya. Erudito del sánscrito, educado en escuelas occidentales y orientales, Charan llegó a ser sannyasi, y a los 58 años renunció a su próspero negocio farmacéutico, su esposa y sus cinco hijos, para convertirse en monje hindú y luego tomar el título de swami (líder religioso hindú).

Cuando Charan llegó a EE.UU. para crear la ISKCON, tenía 70 años. Murió doce años después, y en lugar de elegir a un determinado discípulo para continuar con sus enseñanzas, les dejó el movimiento a once discípulos principales. Hoy, la ISKCON tiene aproximadamente 2,500 monjes, 250,000 monjes laicos y un millón de miembros adoradores.[74] Uno de los famosos seguidores de Krishna en occidente fue George Harrison, uno de los Beatles, quien le dedicó su éxito «My Sweet Lord» [Mi dulce señor] a Krishna.[75]

Enseñanzas y prácticas

En la ISKCON, cantar repitiendo el nombre de Krishna (*sankirtana*) es la mejor forma de obtener la libertad del *samsara* (interminable ciclo de reencarnaciones). En las primeras tres décadas del movimiento, los devotos solían aparecían en lugares públicos como los aeropuertos, y vestían largas túnicas y con la cabeza rasurada, vendían literatura, tocaban tambores y timbales de dedo, y cantaban el cántico de dieciséis palabras «Hare Krishna, Hare Krishna, Krishna, Krishna, Hare, Hare, Hare Rama, Hare Rama, Rama, Rama, Hare,

Hare» (Krishna significa «el Todoatractivo», Hare se refiere a «la energía de Dios», y Rama significa «el mayor placer»).

En las décadas de 1960 y 1970, el Hare Krishna ganó atención y críticas por su agresiva (y a veces engañosa) forma de solicitar donaciones y reclutar seguidores con técnicas que utilizaban el lavado de cerebro y severa disciplina, como mantener a los devotos de Krishna apenas sobreviviendo con mínimas cantidades de alimento y descanso.[76]

Hoy, el movimiento Krishna se ve muy distinto. Los miembros de tiempo completo ya no llevan túnicas largas ni las cabezas rasuradas (aunque algunos se rasuran la cabeza y llevan peluca cuando están en público). A partir de una decisión del Tribunal Supremo en 1992, ya no se les permite buscar donaciones en aeropuertos. Ya no se exige que los miembros vivan en templos, siempre y cuando ofrezcan adoración en altares hogareños. Sin embargo, la disciplina sigue siendo estricta, y el seguidor Krishna debe ofrecer total devoción de su mente, cuerpo, alma y sentidos a la causa de la conciencia Krishna.[77] Los miembros de tiempo completo de la ISKCON hacen votos de abstinencia de la carne, el alcohol y el sexo. Se levantan a las 3:00 am y recitan 16 «rondas» del cántico. Cada ronda consiste en cantar el mantra Krishna una vez por cada una de las 108 cuentas de oración.

Entonces, ¿cuál es la diferencia?

1. Ninguna persona o religión puede afirmar que sostiene la verdad absoluta, porque lo absoluto está más allá del poder de raciocinio de los humanos (Swami Prabhupada).[78] Comparar esta enseñanza con Juan 1:14; 14:6; 18:37; Romanos 3:4.

2. ISKCON dice que la salvación viene a través de la relación personal con el dios Krishna, y el total sometimiento en devoción a él. Comparar esto con Romanos 3:24; Efesios 2:1-9; Tito 2:11; 3:7).

3. La ISKCON afirma «reverenciar» a Jesucristo, pero Jesús es considerado hijo de Krishna, inferior a Krishna, quien es «la Personalidad original de la Deidad misma».[79]

4. Se considera que Prabhupada mismo tiene los poderes y prerrogativas de un dios. Puede tomar sobre sí el «mal karma» de otras personas, convirtiéndose entonces en mediador entre el dios (Krishna) y el discípulo de Krishna.[80] Comparar esto con 1 Timoteo 2:5, que enseña que Jesucristo es el único mediador entre Dios y los seres humanos.

Resumen

Aunque es una rama del hinduismo, la creencia de la ISKCON en Dios es esencialmente monoteísta, y el devoto ve a Krishna como su salvador personal, de la misma manera que los cristianos siguen a Cristo como su Salvador.[81] La diferencia más importante es que el devoto de Krishna intenta llenar su cuenta bancaria kármica con buenas obras, sirviendo a Dios continuamente con sus pies, sus ojos o sus oídos. Dedica totalmente su mente, cuerpo, alma y sentidos a la causa de la conciencia Krishna, aunque por mucho que se esfuerce, seguirá atrapado en la rueda de reencarnaciones. Se le promete que algún día se elevará a la «suprema y eterna atmósfera»,[82] pero nunca tendrá la certeza de haber hecho lo suficiente. ¡Qué diferente es para el cristiano que oye decir a Jesús: «Venid a mí todos los que estáis trabajados y cargados, y yo os haré descansar» (Mateo 11:28)!

IGLESIAS INTERNACIONALES DE CRISTO (EX IGLESIA DE CRISTO DE BOSTON)

Origen e historia

Las Iglesias Internacionales de Cristo (IIC) es un movimiento controvertible y relativamente nuevo, de rápido crecimiento acusado por numerosos críticos (muchos de ellos, ex miembros) de realizar prácticas ocultas, control mental y abuso mental y emocional.[83]

Las raíces de la IIC están en la corriente principal de las Iglesias de Cristo, uno de los diversos movimientos de «restauración» del siglo XIX que buscaban un regreso al cristianismo original del Nuevo Testamento.[84] EL líder incuestionable de la IIC es Kip McKean, quien siendo todavía estudiante de la Universidad de Florida, se convirtió bajo el ministerio de Chuck Lucas en la Iglesia de Cristo de Crossroads en Gainesville, Florida. Lucas obtuvo sus ideas de diversas fuentes, entre las cuales la principal fue el libro de Robert Coleman, *The Master Plan of Evangelism* [El plan maestro del evangelismo]. De la obra de Lucas, surgió el sumamente intensivo programa evangelístico Multiplicando Ministerios, que llamaba a cada converso a ponerse bajo la estricta supervisión de un «compañero de discipulado», que le superara en edad.[85] El programa de Lucas fue tan exitoso que comenzó a difundirse en todo el país, y su popularidad en verdad causó divisiones en las iglesias porque las congregaciones querían que se las reconstruyera según los lineamientos de la iglesia Crossroads.

Fue durante este intenso período de transición que McKean se convirtió a Cristo y fue discipulado por Chuck Lucas. En 1976, McKean, entonces graduado de la Universidad de Florida, fue a trabajar en la Iglesia de Cristo de Heritage Chapel, en Charleston, Illinois, e inició una campaña en el campus universitario de la cercana Universidad del Este de Illinois. Aunque tuvo bastante éxito, lo despidieron eventualmente porque se le acusó de ser manipulador y controlador en su proceso de discipulado.[86] En 1979, McKean se mudó al suburbio de Lexington en Boston, e inició su ministerio en la Iglesia de Cristo de Lexington. La iglesia pasó de tener 30 miembros a sumar 1,000 en pocos años, por lo cual las instalaciones ya no eran suficientes. Finalmente, se convirtió en la Iglesia de Cristo de Boston.[87]

Con el fenomenal éxito de la Iglesia de Boston, McKean se convirtió en líder indiscutido del movimiento Multiplicando Ministerios, y comenzó a agregar nuevas doctrinas propias (que veremos luego). A comienzos de la década de 1980, el movimiento de Boston empezó a plantar «iglesias pilares» en diferentes ciudades clave de todo el mundo, siendo las primeras Chicago y Londres. Pronto muchas de estas iglesias iniciadas por discípulos de la iglesia madre en Boston, se convirtieron en enormes ministerios, algunos de ellos con miles de miembros.[88] A medida que la iglesia de Boston creía y seguía teniendo fenomenal éxito en incorporar miembros con su programa de discipulado, se hicieron evidentes las nuevas doctrinas y actitudes de McKean, incluyendo la idea de que la ICB era la iglesia de Dios. McKean creía que todas las demás iglesias estaban envenenadas con tradiciones, negociaciones o apostasía. Usando una interpretación ilógica de Apocalipsis 2 y 3, comenzó a enseñar que debía haber «una sola iglesia en cada ciudad». También enseñaba que las iglesias no afiliadas a la iglesia de Boston en cada ciudad, «no eran de Dios».[89]

Como las doctrinas de McKean provocaban controversia, comenzó a haber mucha oposición desde los ministerios cristianos bíblicos en varias ciudades. Con la esperanza de acallar las críticas, los líderes de la ICB contrataron a una firma de investigación de crecimiento de iglesias, liderada por Flabil Yeakley para que realizara un estudio sobre la ICB y sus métodos. En lugar de mostrar a la ICB como organización saludable y beneficiosa, el estudio reveló que la Iglesia de Boston estaba «produciendo en sus miembros los mismos patrones de cambios de personalidad insalubres» que se habían observado en estudios de otros cultos ya conocidos como manipuladores, tales como Hare Krishna y la Iglesia de la Unificación (los Moonies).[90]

El estudio agregaba que los datos daban evidencia de que una dinámica de grupo que operaba en la Iglesia de Cristo de Boston «influía sobre sus miembros para que cambiaran sus personalidades de manera de conformarse a la norma del grupo».[91] La respuesta de McKean al estudio fue que lo único que hacía la Iglesia de Cristo de Boston era «crear personas a imagen de Jesucristo». La respuesta de Yeakley a McKean fue que la naturaleza divina de Cristo se refleja en las personas con dones diferentes, y que sus tipos de personalidad no debieran cambiar de manera de convertirlos «en la copia de otra persona».[92]

En 1990, McKean mudó el centro de poder del movimiento de Boston a Los Ángeles. McKean se convirtió en el evangelista líder de la Iglesia de Cristo de Los Ángeles, en sí misma una iglesia pilar que se inició con 25 discípulos de Boston y 25 de San Diego y San Francisco.[93] Para 1997, la Iglesia de Cristo de LA ya tenía 12,000 asistentes a los servicios de los domingos.[94]

A partir de 1993, la familia de iglesias de Boston pasó a llamarse Iglesias Internacionales de Cristo (IIC). El movimiento ha tenido un explosivo crecimiento, de 30 miembros en 1979 a 118,185 representados por 372 iglesias en 158 países, en septiembre de 1999. La concurrencia total de los domingos era de más de 190,000 personas.[95]

Enseñanzas y prácticas

La IIC dice que su principal objetivo es «buscar y salvar a los perdidos» para cumplir la Gran Comisión (ver Mateo 28:18-20) y evangelizar al mundo en una generación. McKean ve a esta generación distinta a partir de la evidencia de que «esto nos marca como único verdadero y moderno movimiento de Dios».[96] Los miembros de la IIC buscan el «remanente» dentro de las otras iglesias e intentan reclutarlos en la IIC, aún si están totalmente comprometidos con su propia comunidad.

En 1994, McKean dijo: «La oposición se intensificó mucho cuando la doctrina bíblica de "una iglesia, una ciudad" fue restaurada» (ver Apocalipsis 2-3). McKean dijo luego: «La implicancia era que si las iglesias de Boston eran de Dios, sus propias iglesias no lo eran. Sacaron esta conclusión por sí mismos, y en retrospectiva, era cierto».[97]

El elitismo de la IIC surge en esta doctrina que afirma que la única salvación verdadera está en la IIC, y que para ser salvo uno tiene que bautizarse en la IIC y luego prometer total compromiso con el ministerio. De hecho, aunque un nuevo converso de la IIC hubiera sido bautizado previamente, debía rebautizarse porque solamente se reconocen como válidos los bautismos de la IIC. No

sólo se requiere el bautismo para la salvación, sino que el discipulado se practica según los requerimientos de la IIC. McKean basa su
enseñanza en Hechos 11:26 de donde desprendió la ecuación
«Salvo = cristiano = discípulo». McKean dijo: «No conozco iglesia,
comunidad ni movimiento alguno que enseñe y ponga en práctica
estos requisitos bíblicos de obediencia a la verdad».[98]

La IIC declara firmemente la exigencia de que todos sus miembros expresen su compromiso de total sumisión a los superiores espirituales que se les asignen. Una de las principales autoridades de la
IIC, el Anciano Al Baird, ha instruido a los miembros de la IIC
diciendo «si el líder ordena que uno de be hacer algo, aunque no sea
"a imagen de Cristo", hay que obedecer».[99] El control se extiende a la
vida cotidiana, a los asuntos de todos los días, a las relaciones y las
finanzas. Ni siquiera se excluyen los detalles íntimos entre marido y
mujer. La exigencia de total obediencia se basa en versículos como
Hebreos 13:17: «Obedeced a vuestros pastores y sujetaos a ellos».[100]

La cadena de mando de la IIC termina con McKean en la cima,
quien en pocas palabras afirma ser «el oráculo de Dios» y hasta un
mediador entre Dios y la iglesia. Hablando de sí mismo, McKean
ha declarado que como evangelista líder de la IIC, él es quien determina «qué tan lejos irá una congregación al obedecer las Escrituras»,
cumpliendo imparcialmente las instrucciones de Dios, aún cuando
no sea algo que le merezca popularidad. McKean cree que sabe
exactamente dónde está la IIC, hacia dónde va, y qué es lo que hace
falta para llegar «donde Dios quiere que esté».[101]

La mayoría de los conversos de la IIC llegan a la iglesia cuando
los contacta una persona amable que parece interesada en ellos.
Esto escala rápidamente a la invitación a un «estudio bíblico» donde
el potencial converso es expuesto a *First Principles: Basic Studies for
making disciples* [Primeros principios: estudios básicos para hacer dis-
cípulos], escrito por McKean.[102] Los estudios bíblicos o conferencias
bíblicas (que veremos seguidamente en mayor detalle), alimentan al
potencial converso con la teología típica de la IIC, que enseña su elitismo y su salvación por medio del bautismo y la doctrina del discipulado (obras). Pronto se le asigna al potencial converso un mentor

espiritual que continúa el proceso de discipulado con el objetivo de que el nuevo discípulo califique para el bautismo en la IIC y declare pleno compromiso con la iglesia. Durante este período el potencial miembro es «bombardeado con amor», con elogios y atención.

Una de las partes más importantes del proceso de discipulado es hacer que el converso potencial «confiese todos sus pecados» no sólo ante Dios, sino ante su mentor. Se han informado numerosos casos en los que en lugar de mantener esta información en confidencialidad, el mentor simplemente la pasa a la línea de mando de las autoridades de la iglesia.[103] Rick Bauer, ex miembro de alto rango en la IIC, habla del uso de información embarazosa en contra de los miembros mientras forman parte de la organización, y de cómo en una oportunidad encontró impresos de computadora conteniendo una lista de gran cantidad de miembros de la IIC que debieron escuchar atónitos y avergonzados los detalles personales de sus pecados, «una "lista de pecados de la congregación", si se quiere dar en llamarla así».[104]

Una vez bautizado el nuevo discípulo, y comprometido al pleno discipulado en la iglesia, el requisito inmediato es «no tener pecado en tu vida». A lo largo de todo este proceso, la típica experiencia de muchos conversos será la de alejarse de sus antiguos amigos y hasta de sus familias, acercándose cada vez más a las actividades, ideas y prioridades de la IIC.

Los miembros de la IIC que se cansan de la constante presión y exigencias con respecto a cumplir y vivir las reglas de la IIC, reciben la noticia de que si dejan la iglesia irán al infierno. Los que tengan dudas o reservas serán convocados a una sesión, por lo general con varios líderes de la iglesia, que les dirán que su actitud decepciona a Dios y la iglesia.

Los miembros desencantados son comparados con el perro que regresa a su vómito (ver Proverbios 26:11). Los pecados íntimos que han confesado al unirse a la iglesia son traídos a colación, y discutidos. Luego se les acusa de no tener lo que hace falta para ser discípulos, y que probablemente jamás hubieran sido cristianos desde el principio. Muchas veces, se ejerce tal presión sobre un miembro que expresa el deseo de dejar la iglesia, que la persona desiste a causa de la culpa, el miedo y la confusión.[105] A causa de los métodos opresivos de la IIC, muchos colegas han prohibido sus actividades en los campus universitarios.[106]

McKean enseña sin ambigüedades que quien se opone o deja el movimiento está dejando a Dios. «En cuanto a los que siguen oponiéndose a nosotros, están perdidos no porque su bautismo haya sido invalidad, sino porque las Escrituras dicen con claridad que quienes se oponen o se quejan contra los líderes de Dios y dividen la iglesia de Dios, de hecho, se oponen a Dios» (ver Éxodo 16:8; Números 16).[107]

Entonces, ¿cuál es la diferencia?

1. La mayoría de los conversos de la IIC llegan a conocer la iglesia al ser invitados a una conferencia bíblica o estudio bíblico, utilizando el libro *First Principles: Basic Studies for Making Disciples* [Primeros principios: estudios básicos para hacer discípulos], de McKean. La lección titulada "Palabra de Dios" tiene semejanzas con la mirada evangélica conservadora, y pone énfasis en versículos como 2 Timoteo 3:16. Sin embargo, el sesgo de esta lección es el de desalentar «la interpretación privada» para atacar las «tradiciones o credos» de otras iglesias y comenzar a limitar el pensamiento crítico. Ver Deuteronomio 17:19; Juan 5:39; Hechos 17:11; Romanos 15:4, para encontrar instrucciones claras en cuanto a «escudriñar las Escrituras». Ver también 2 Pedro 1:20, 21 y consultar cualquier comentario calificado en cuanto a la frase «ninguna profecía de la Escritura es de interpretación privada». Lo que dice el pasaje es que la profecía no viene de los profetas, sino de Dios; no está prohibido que las personas estudian e interpreten las Escrituras.[108]

2. La lección de la IIC sobre el reino de Dios también se asemeja a la perspectiva evangélica conservadora. El Reino

que Jesús predicó como «por venir» fue establecido a través de la Iglesia por los apóstoles en el libro de los Hechos, y será establecido plenamente en conexión con la Segunda Venida de Cristo. Sin embargo, el reino de Dios sólo continúa en las «iglesias verdaderamente cristianas», es decir, en las Iglesias Internacionales de Cristo. En contraste, la Biblia enseña sobre la unidad de la Iglesia y la gracia para todos los que están en el Cuerpo de Cristo, que es «uno en Cristo Jesús» (ver Gálatas 3:26-28: Efesios 4:7-16).

3. Una de las lecciones de la IIC sobre la luz y las tinieblas se asemeja a la enseñanza bíblica sobre cómo el pecado nos separa de Dios y cómo solamente la fe en Jesús puede salvarnos del juicio de Dios. ¡Sin embargo, añadida a estas verdades está la doctrina de que el bautismo de agua en realidad salva cuando uno es bautizado! Es el bautismo lo que supuestamente nos saca de las tinieblas, nos lleva a la luz y nos libra de los pecados para comprometernos totalmente con Cristo. Además, la IIC sostiene que únicamente los «discípulos» según se les define en la IIC, son salvos. Estas doctrinas tuercen las Escrituras, añadiendo el requisito de la «obra» del bautismo y la «vida recta» a la fórmula de la salvación. Las Escrituras enseñan claramente que la fe, y no el bautismo, nos salva (ver Juan 1:12; 3:16; Efesios 2:8,9). Ver también Mateo 16:24 y Juan 8:31, que describen a un discípulo como quien sigue las enseñanzas de Jesús, y no como quien se somete a los mandatos de un cristiano más «maduro». También, Jesús les enseñó a sus discípulos a servirse los unos a los otros, en lugar de hace como «los gobernantes de las naciones [que] se enseñorean de ellas» (Mateo 20:25-28).

4. Una de las lecciones de la IIC sobre la luz y las tinieblas denuncia frases comunes utilizadas por los evangélicos que son bíblicamente endebles, como la llamada evangélica a «aceptar a Jesús en tu corazón». La lección ataca toda visión del bautismo que se desvíe de la doctrina de la IIC, como antibíblica, insistiendo por último en que

los que buscan «deben compartir» sus pecados con el líder espiritual que se les asignó. En contraste, la Biblia deja abierto el método y momento del bautismo (ver Hechos 8:38; 9:18). Ver también 1 Pedro 3:21 que no enseña que seamos salvos a través del bautismo, sino que el bautismo con agua es el símbolo vívido de la vida cambiada del cristiano que está en paz con Dios.[109] En cuanto a «compartir los pecados», esta práctica lleva fácilmente al abuso espiritual, en especial cuando luego se usa la información confidencial con propósitos disciplinarios en «sesiones de quebrantamiento», algo que muchos ex miembros de la IIC han vivido.[110] La Biblia enseña al cristiano a confesar los pecados a Dios, quien limpiará y perdonará (ver 1 Juan 1:5-10).

5. Una de las lecciones de la IIC sobre la Iglesia interpreta Hebreos 10:23-25 de manera que signifique que todos los miembros deben asistir a todas las reuniones de la iglesia dondequiera y cuando fueren realizadas. Si un miembro de la IIC quiere faltar a una reunión por el motivo que sea, se le hace sentir culpable y egoísta.[111] Hebreos 10:23-25 habla de exhortarnos los unos a los otros hacia el amor y las buenas obras, alentándonos al reunirnos y congregarnos. No hay mandamiento a «asistir a todas las reuniones de una iglesia local».

6. La lección sobre el discipulado enseña que solamente los discípulos de Jesús serán salvos y que todo cristiano sincero debe hacer discípulos. Esta definición de la palabra «discípulos» tuerce «la salvación por gracia a través de la fe» para convertirla en «salvación por fe más obras», que se contradice directamente con Efesios 2:8-9.

Resumen

La gente siente atracción hacia la IIC porque los miembros son sumamente motivados y están comprometidos a poner en práctica aquello que creen que la Biblia les enseña. Lamentablemente, el poder absoluto que tiene la IIC sobre sus miembros ha llevado a prácticas corruptas y abusos que la IIC ha admitido y prometido cambiar. En 1992, McKean y uno de sus líderes principales, Al Baird, escribieron artículos para la publicación de la IIC *Upside Down* [Cabeza abajo] admitiendo que se habían equivocado y que habían cometido errores en cuanto al uso de la autoridad. Baird confesó que en las relaciones de discipulado de la IIC se había puesto demasiado énfasis en la autoridad y «demasiado poco... en motivar a partir del amor por Dios». También admitió que los líderes de la IIC se habían equivocado al llamar a la sumisión total en cosas tales como la elección de los alimentos, los autos, la ropa o las donaciones de dinero. Al mismo tiempo, insertó su propia observación: «Los líderes han de ser capaces de convocar a reuniones del cuerpo, a convocar a mayores sacrificios, a convocar a realizar esfuerzos evangelísticos más importantes o tiempos de oración, etc»..[112]

Al entrar en el tercer milenio, es difícil decir hasta dónde ha llegado la «reforma» de la IIC en cuanto a los abusos del pasado y documentados por los críticos a la IIC (ver Apéndice A). Aún a fines de la década de 1990, sigue habiendo abusos y el comentario de Baird en cuanto a que la iglesia todavía es capaz de «convocar a mayores sacrificios» y «esfuerzos evangelísticos específicos, etc». deja abierta la puerta a interpretaciones que pueden todavía llevar a abusos. Como dijo el ex líder de la IIC Rick Bauer: «El sistema de discipulado de uno a uno, y las estructuras de control empleadas por Kip McKean están tan radicalmente manchadas y son inherentemente corruptas a tal punto que hasta la gente buena con las mejores intenciones termina lastimando a otros y lastimándose a sí misma».[113]

HUMANISMO SECULAR

Origen e historia

El origen del humanismo secular se encuentra en la organización formal del movimiento en la primera mitad del siglo XX, aunque sus raíces están en la explosión del conocimiento clásico ocurrido durante el Renacimiento (siglos XIV a XVI). La ciencia moderna avanzó a través de los descubrimientos de hombres como Galileo y Newton. La visión medieval del mundo y la naturaleza fue dejada atrás cuando la gente logró «iluminarse», es decir, volverse «moderna», y así nació la era moderna.

A medida que el iluminismo avanzaba, comenzó a ponerse más énfasis en el hombre, en el ser humano en general, y menos en Dios. Para el siglo XVIII, los científicos habían dado pasos tan importantes que parecía no haber límite para el poder del raciocinio humano basado en datos científicos.

Los siglos XIX y XX han visto una creciente erosión de la fe en un Dios sobrenatural que creó el universo, con el surgimiento de cuatro movimientos clave, enemigos del cristianismo bíblico: la «alta crítica de la Biblia» en Alemania, que eliminaba todo aspecto sobrenatural de la Biblia y la reducía a un libro antiguo de mitología; los seguidores de Karl Marx (1818-1883) y su comunismo ateo; los enamorados de los escritos de Charles Darwin (1809-1882), uno de los exponentes más grandes de la evolución naturalista, teoría que afirma que el hombre desciende de los simios que a su vez habían evolucionado de formas de vida inferiores; y quienes siguieron los escritos de psicólogo ateo Sigmund Freud (1856-1939).

La teoría de Darwin sobre la selección natural (conocida popularmente como «la supervivencia del más apto») sugería más que convincentemente que el mundo no había sido creado por un creador amoroso y sabio con un plan y designio, sino que todo había sucedido «naturalmente», lo cual significaba que Dios era nada más que una hipótesis innecesaria.[114] Que Dios no existe se convirtió en la premisa básica de la visión que llegaría a ser el humanismo secular, aunque el término no llegó a ser utilizado masivamente hasta el siglo XX, cuando la Asociación Humanista Estadounidense publicó el *Manifiesto Humanista I* en 1933. A partir de entonces, el humanismo secular ha sido el archienemigo del cristianismo y de toda otra visión que exprese creencia en un Dios creador del tipo que sea.

Enseñanzas y prácticas

El *Manifiesto Humanista I* incluía, entre otros, los siguientes puntos básicos:

El universo siempre existió, nunca fue creado por un «Dios».

De hecho, no hay prueba de que Dios exista: los hombres y mujeres deben vivir como si Él no existiera y –de hecho– «salvarse a sí mismos».

El principal objetivo de la humanidad es el desarrollo de la personalidad humana en esta vida, que es todo lo que hay.

No hay camino objetivo para determinar la moral o lo que es valioso y útil. La única moral es la que proviene de la experiencia y vivencia humanas. Es decir, no hay absolutos morales.[115]

La ética y moral relativa del humanismo secular está ligada a su ingenua creencia en la bondad básica de la humanidad. Los humanistas seculares suponen que todos –al menos la mayoría– los seres humanos son básicamente buenos. El mal no proviene del interior de los hombres y mujeres, sino de afuera; y si se pudiera limpiar y arreglar la sociedad, el mal desaparecería.

Las predicciones del humanismo secular sobre una utopía de la humanidad sufrieron severos golpes cuando la Segunda Guerra Mundial demostró (una vez más) lo bajo que puede caer la humanidad en las profundidades de la brutalidad. Para 1973, los humanistas seculares respondieron publicando el *Manifiesto Humanista II*, que obstinadamente reafirmaba la creencia de que toda moral o verdad ética es relativa. La ética es denominada «autónoma y situacional» en tanto la razón y la inteligencia son «los instrumentos más efectivos que posee la humanidad». El *Manifiesto II* establece que aunque no hay garantía de que pueda hallarse la respuesta a todos los problemas, la inteligencia crítica «infundida de un sentido de interés y afecto humano» es el mejor método que tiene la humanidad para resolver sus problemas.[116]

El humanismo secular es totalmente contrario al cristianismo bíblico. Obviamente, la diferencia básica es que los humanistas seculares dicen que no hay Dios en tanto los cristianos basan todo en la existencia de un amoroso Creador a cargo del universo y activamente involucrado en su gobierno. Cuando los humanistas seculares dicen que no hay Dios, de allí parten todas sus otras conclusiones, al igual que la noche ha de seguir al día.

Entonces, ¿cuál es la diferencia?

1. El humanismo secular está firmemente arraigado en la perspectiva naturalista/materialista; rotundamente se establece que no hay Dios (ateísmo). Los cristianos creen en dios, el supremo y amoroso creador ante quien es responsable toda la humanidad (ver Génesis 1:1; Isaías 40:28; Hebreos 11:3).

2. Los humanistas seculares afirman que el hombre descubre la verdad por medio de su propia razón y pensamiento lógico. Los cristianos responden que toda la verdad es la verdad de Dios y que todos los descubrimientos del ser humano son solamente parte de lo que Dios ha creado (ver Salmo 19:1; Hechos 17:24-28; Romanos 1:20).

3. Los humanistas seculares dicen que en áreas donde la experiencia o vivencia humana no puede ser usada como evidencia, como la filosofía, religión, ética y moral, toda verdad es relativa. Es decir que la verdad es cuestión de opinión que puede diferir de una persona a otra. Los cristianos responden que la moral y la ética se basan en la Palabra escrita de Dios (ver Éxodo 21:17), y su Palabra viva, Jesucristo (ver Juan 1:1-14).

4. Los humanistas seculares creen que aunque los humanos cometan errores, no son pecadores caídos; deben «salvarse a sí mismos» asumiendo responsabilidad por sus propios errores. Los cristianos contienden que los humanos han caído a causa del pecado (ver Génesis 3, Romanos 3:23), y que su única esperanza de salvación está en Cristo (ver Romanos 8:22-27; 1 Pedro 1:3-7).

Resumen

El humanismo secular no tiene un conjunto de absolutos morales como los Diez Mandamientos. Como mucho, tiene numerosas «sugerencias» de lo que debiera hacer la gente, basándose en su experiencia en la sociedad en que vivan y su único tribunal de último recurso que es el derecho individual. Sin embargo, sin base final y objetiva para determinar por qué alguien debiera tener derechos individuales no hay realmente forma en que pueda llamarse buena o mala ninguna cosa. Todo será relativo.

El *Manifiesto II* afirma con toda confianza que la bondad del ser humano le guiará a utilizar la tecnología para el bien de la humanidad, evitando cambios dañinos y destructivos con todo cuidado.[117] Sin embargo, nuevamente el humanista enfrenta el problema de quién ha de decidir lo que es realmente bueno para la humanidad. Además, ¿quién hará cumplir estos criterios?[118]

No importa cuánto se esfuercen los humanistas, no podrán evitar llegar al problema de afirmar que no hay valores morales absolutos. En algún lugar, alguien tiene que definirlos. El cristiano cree que Dios los ha definido y sigue haciéndolo. El humanista se aferra a la creencia de que los seres humanos pueden decidir qué es moral y vivir vidas pacíficas, productivas y felices. Pero la humanidad queda en el mismo antiguo síndrome, con guerras, atrocidades, asesinatos en masa e incontables tragedias más que siguen sin que se detengan. Y el humanismo secular no ofrece solución a estos problemas.

POSTMODERNISMO

Origen e historia

La perspectiva postmoderna no se originó con el pensamiento de una persona o grupo en particular. En cambio, el término surgió durante el siglo veinte al comenzar a ser utilizado por filósofos, teólogos, críticos literarios, historiadores y arquitectos para referirse en general a un cambio con respecto a los fracasos del modernismo (es decir, el humanismo secular). En lugar de anunciar una utopía predicha, los milagros y avances de la ciencia en el modernismo habían creado instituciones y condiciones sociales opresivas, estresantes y a veces, tiránicas. Eventualmente el postmodernismo llegó a la atención del público a través de los periodistas, que utilizaron el término para referirse a muchas cosas, desde videos de rock a problemas de las metrópolis que crecían, plagadas de crimen, decadencia y superpoblación.[119]

Enseñanzas y prácticas

Las complejas ideas y jerga del postmodernismo no son fáciles de entender, pero los cristianos deben intentar hacerlo si han de enfrentarse con un enemigo aún más peligroso que el humanismo secular. Muchos analistas y observadores cristianos creen que la Iglesia está en el centro de un giro cultural que está penetrando en toda la sociedad, y que «nos estamos convirtiendo rápidamente en una cultura postmoderna».[120]

Los principios básicos del postmodernismo incluyen lo siguiente:

Ninguno de nosotros piensa de manera independiente, sin sesgo alguno. Todos hemos sido moldeados por nuestra cultura para pensar de determinada manera.

No se pueden juzgar (decir que están mal) los pensamientos, ideas o acciones de otra cultura o persona porque su idea de la realidad sea diferente de la nuestra.

La realidad de cada persona está en su mente. Uno construye su propia realidad. Lo que sea real para uno, es su realidad.

Ninguno de nosotros puede «probar» nada, ya sea utilizando la ciencia, la historia o cualquier conjunto de datos.[121]

En esencia, el postmodernismo va más allá del modernismo, que afirma que toda moral y verdad ética son relativas. El postmodernismo dice que *no hay verdad absoluta en ninguna parte*. Los postmodernistas creen que toda verdad cambia continuamente, sea espiritual, moral, política, hasta la verdad científica es sospechosa.[122] Los postmodernistas creen que toda verdad es «fabricada», producto de la cultura en la que vivimos y el idioma que utilizamos. Todos somos solamente «productos de nuestra cultura, engranajes en una máquina social».[123]

La perspectiva postmoderna está presente en todas partes hoy: en las universidades, los medios, las películas, la TV, y aún en las asociaciones de padres y maestros. Nos afecta, y a nuestra familia igualmente, de mil maneras distintas, y seguirá haciéndolo cada vez más a medida que pase el tiempo. El postmodernismo no es fácil de entender, pero los cristianos del tercer milenio deben aprender cómo enfrentarlo reconociendo sus premisas y supuestos básicos.

Una de las características más poderosas y peligrosas de la mente postmoderna es su absoluta dedicación a su concepto de la tolerancia. Ser tolerante en el sentido tradicional es ver la diferencia entre lo que piensa o hace una persona (que no necesariamente piense que es lo correcto), y la persona misma. Aunque tratemos a esa persona con respeto, también somos libres de decir que su modo de hablar, pensar o actuar está mal y que, a nuestro entender, debería cambiar.

Hoy, la nueva definición de la tolerancia se define y promueve a partir de los filósofos, educadores y otros líderes, que dan a todos los valores y creencias el mismo respeto, negando categóricamente que exista tal cosa como «una jerarquía de la verdad».[124]

En las escuelas públicas de hoy, se enseña a los niños y jóvenes que «lo que cree y dicen todas las personas es igualmente válido, igualmente correcto. Así que no es sólo que todos tenemos iguales derechos a creer lo que queramos, sino que todas las creencias son iguales. Todos los valores son iguales. Todos los estilos de vida son iguales. Toda afirmación de verdad es igual».[125]

La nueva definición de la tolerancia explica por qué una hija llega a casa de la universidad con su nuevo novio y sugiere que está bien si él duerme con ella en su dormitorio; o por qué un padre que dice que ser homosexual está mal es acusado de ser intolerante por su hijo adolescente. La nueva tolerancia es la causa de que los profesores encuentren una creciente cantidad de alumnos que saben que el Holocausto sucedió, pero que no pueden decir que los nazis estaban haciendo algo moralmente malo. En todos estos ejemplos, se cuestiona y hasta contradice la moral cristiana y bíblica. De hecho, la nueva tolerancia ha demostrado ser tolerante con todos excepto con quienes dicen que hay absolutos morales objetivos.[126]

La nueva tolerancia del postmodernismo se burla del cristiano que dice: «Ama al pecador, y detesta el pecado». Ahora hay que amar al pecador y a su pecado también; o habrá que soportar el mote de intolerante, racista o discriminante. Los postmodernistas, en resumen, no pueden separar lo que cree o hace una persona, de lo que la persona es en sí misma. Para el postmodernista son una misma cosa.

Entonces, ¿cuál es la diferencia?

1. Los postmodernistas pueden o no admitir la existencia de Dios; pero si lo hacen, por lo general se refieren al «dios interior» y no al creador supremo y soberano.[127] Los cristianos creen que Dios existe fuera de su creación y que está personal y constantemente ocupándose de las cosas, criaturas y personas que Él ha creado (ver Isaías 40:28-31; Hebreos 11:3; Hechos 17:24-28).

2. Los postmodernistas afirman que la sociedad decide qué es la verdad. No hay verdad absoluta de ninguna clase; ni siquiera la verdad científica es absoluta o confiable.[128] Además, toda creencia y valor son «construcciones sociales arbitrarias»;[129] cualquier conjunto de ideas, no importa qué tan radicales o peligrosas sean, es tan bueno como cualquier otro.[130] Los cristianos creen que la verdad suprema se centra en Jesucristo (ver Juan 14:6) y al conocer y habitar en esa verdad son libres para disfrutar plenamente de la vida (ver Juan 8:31, 32, 10:7-10).

3. El postmodernismo ve el «pecado» como: (1) intolerancia hacia las perspectivas de los demás (con excepción de los cristianos «fundamentalistas»); (2) el uso de metas narrativas (amplias explicaciones de la realidad) que afirman ser verdad universal, pero que llevan a la violencia, la codicia o sed de poder. Los modernistas ven al cristianismo como una meta narrativa de esta clase. En total contraste, los cristianos entienden el pecado, que se origina en el corazón del

hombre, como el problema de fondo de la humanidad (ver Santiago 4:1, Mateo 15:16-20, Salmo 51:5).

Resumen

El argumento más contundente que pueden sostener los cristianos en contra del postmodernismo es estar firmes en la absoluta verdad de la Palabra de Dios. Lamentablemente, las estadísticas obtenidas por encuestadores cristianos y seculares por igual sugieren y casi afirman que no todos los cristianos están seguros acerca de la verdad absoluta. Josh McDowell, quien ha enseñado principios bíblicos y apologética a miles de adolescentes y estudiantes universitarios en todo el mundo, calcula que el 57% de la juventud *que ha crecido yendo a la iglesia* no cree en un parámetro objetivo de verdad.[131]

Según el encuestador cristiano George Barna el 53% de los *adultos cristianos conservadores y creyentes en la Biblia*, no creen en la verdad absoluta.[132] Según un informe de 1997 en *Christianity Today*, el 84% de los estudiantes cristianos de primer año de la universidad encuentran dificultad para defender o explicar adecuadamente sus creencias.[133]

De la encuesta de Gallup proviene quizá la estadística más impactante de todas. Del 70% de los estadounidenses que dicen que es importante seguir las enseñanzas bíblicas, *dos tercios no creen en absolutos morales*.[134]

Aunque las encuestas no demuestran necesariamente nada concluyente, hay indicativos de que los jóvenes y mayores cristianos están siendo absorbidos por la mentalidad postmoderna de que toda verdad es relativa y que no hay absolutos. Han caído en esta trampa aunque dicen creer lo que dice la Biblia y confiar en Jesucristo como Salvador y Señor.

Esta falta de compromiso con la verdad absoluta ha llevado a una visión distinta de la conciencia en muchos cristianos. El bien y el mal se han reemplazado por «lo que se siente bien» u orar por un curso de acción cuestionable para «sentirse en paz al respecto». Como observó Charles Colson, la conciencia se ha convertido en «barómetro de nuestro estado emocional» en lugar de ser firme monitora de las decisiones morales.[135]

Lo que los cristianos deben hacer ante todo es comprometerse nuevamente con la verdad y la moral bíblicas. Hay verdad absoluta en la Palabra de Dios. Hay moral absoluta en las enseñanzas de las Escrituras. Y existe el absoluto supremo más allá de todo, Jesucristo, el camino, la verdad y la vida. (Para conocer más sobre el postmodernismo, ver los Recursos para estudio posterior, apéndice A.)

IGLESIA DE LA UNIFICACIÓN (LOS MOONIES)

Origen e historia

La Asociación del Espíritu Santo para la Unificación del Cristianismo Mundial (on-il Kyo en coreano, "Moonies" en lenguaje popular) es una «nueva» religión que cubre el taoísmo, el confucionismo, las prácticas ocultas y una figura mesiánica con un débil barniz de cristianismo.

Sun Myung Moon fundó la Iglesia de la Unificación en 1954, en Seúl, Corea del Sur. Nacido en 1920 en lo que hoy es Corea del Norte, Moon es hijo de padres confucianos que se convirtieron al presbiterianismo.[136] Sin embargo, Moon nunca apreció del todo la fe cristiana. Desde joven y durante toda su vida, estuvo muy involucrado en el espiritismo y el ocultismo.[137]

Moon afirma que a los 16 años tuvo una visión de Jesús en la que se le indicó que debía «completar la fallida misión de Jesús». Moon dice que entonces pasó nueve años en el mundo del ocultismo, contactando a los espíritus de Jesús, Confucio, Mahoma y Buda, y que todos confirmaron su creciente conocimiento de la verdad. Durante este tiempo, Moon afirma haberse enfrentado con Satán, obligando al diablo a revelar el gran secreto y la causa real de la caída de Adán y Eva, que fue que Eva tuvo relaciones sexuales con Satán y luego hizo que la raza humana heredara el pecado al tener relaciones sexuales con Adán. En 1946, Moon encontró un marco teológico inspirador para sus experiencias de ocultismo en el Monasterio de Israel (ubicado en Corea del Norte), fundado y dirigido por Baik

Moon Kim. El libro de Moon, *The Divine Principle* [El principio divino], que se convirtió en la escritura de autoridad de la Iglesia de la Unificación, contiene enseñanzas muy similares a las de Kim.[138] Durante una sesión de espiritismo conducida por el famoso medium espiritista Arthur Ford en 1964, un espíritu llamado «Mr. Fletcher» le dio a Moon más confirmaciones de su misión. La Iglesia de la Unificación, viendo que los cristianos evangélicos se oponen a las sesiones de espiritismo y la clarividencia, ha suprimido información sobre las «revelaciones» inspiradas por mediums y la clarividencia de Moon.[139]

El Reverendo Moon no se considera a sí mismo solamente un líder espiritual cualquiera; de veras cree que él es la Segunda Venida del Mesías. En 1960, Moon se casó por tercera vez (luego de dos divorcios) afirmando que su boda era «la boda del Cordero» de la que habla Apocalipsis 21:9 que iniciaría la «Nueva Era», la Era Cósmica. En 1972, para llegar al mundo entero, Moon se mudó de Corea a EE.UU. Inmediatamente se convirtió en celebridad en los medios, principalmente por su apoyo público al Presidente Richard Nixon durante la crisis de Watergate y su firme postura anticomunista.

Pero en 1983, tuvo un traspié cuando se le juzgó por evasión impositiva. Moon asumió el papel de la víctima inocente, sumando el apoyo de numerosos líderes de iglesias, al convencerlos de que era perseguido por su religión y a causa del racismo. Pasó trece meses en una prisión federal. Después de su liberación el 29 de agosto de 1985, Moon reveló por primera vez su asombrosamente grandiosa autoimagen. En un discurso público, hizo alarde: «Con mi surgimiento como victorioso Señor del Segundo Advenimiento para el mundo, se ha creado un nuevo orden». Estas palabras son obviamente perversión de la promesa bíblica de que Jesús, quien vino en su Primer Advenimiento como Salvador, vendrá en su Segundo Advenimiento como Juez del mundo.[140]

Aunque no se dispone de estadísticas oficiales, la membresía mundial de la Iglesia de la Unificación se calcula entre uno y dos millones, la mayoría en Japón y Corea, con quizá solamente 10,000 a 30,000 miembros de la Unificación en EE.UU.[141]

Enseñanzas y prácticas

Dos prácticas de la Iglesia de la Unificación la separan de todos los demás cultos: sus métodos para recaudar fondos y sus bodas en masa. La Iglesia de la Unificación justifica el uso del engaño para recaudar fondos (lo llaman «engaño celestial»), utilizando a personas saludables para pedir dinero, sentadas en sillas de ruedas. Según Moon, mentir en pos del avance de la causa de la Iglesia de la Unificación no esperado porque «hasta Dios miente muy a menudo». Moon ha hecho alarde de haber escrito sobre las enormes ganancias que tiene con las flores que le cuestan 80 centavos y se venden por una «donación» de cinco dólares. El ingreso anual de la Iglesia de la Unificación, contando las donaciones de caridad de Japón, los EE.UU. y Europa, se calcula en más de 150 millones de dólares.[142]

Las bodas masivas que realizan Moon y su esposa se basan en las enseñanzas de Moon respecto de la caída de la humanidad. Según la teología de Moon, él y su esposa son los «verdaderos padres» de la humanidad, y todas las bodas en las que den su bendición resultarán en «hijos sin pecado». En una boda masiva, Moon involucra a miles de parejas cuyas bodas han sido acordadas por la Iglesia de la Unificación (principalmente por el mismo Moon). A menudo, la novia y el novio son desconocidos o apenas se conocen. En 1995, en un sólo día se casaron 300,000 parejas en una ceremonia masiva que se transmitió por satélite a 160 países. Después de su boda, las parejas de la Iglesia de la Unificación deben pasar por un período de celibato de 40 días, seguido de tres días de consumación y luego tres años más de celibato.[143]

Entonces, ¿cuál es la diferencia?

1. Los unificadores creen que el verdadero propósito de Jesús para salvar a la humanidad era casarse y tener hijos sin pecado; que la crucifixión fue un error no planificado; que la salvación por medio de la sangre de Cristo es ridícula.[144] La Biblia enseña que el propósito central de

Dios en la historia se mueve en torno a la cruz, la resurrección y ascensión de Cristo (ver Hechos 2:23; 1 Pedro 1:19, 20; Apocalipsis 13:8).

2. Los unificadores creen que el Reverendo Moon se unió con la novia perfecta (esposa número tres) y que al hacerlo se han convertido en la nueva «trinidad»: Dios, Moon y la Sra. Moon, con sus 12 hijos vivos, inicio de una nueva y perfecta raza. Los unificadores también enseñan que un decimotercer hijo, un hijo a quien Moon estaba preparando para que tomara su lugar y que murió en un accidente automovilístico en 1984, es el «Cristo celestial» y que Moon es el «Cristo terrenal».[145] La Biblia enseña que hay un único Señor Jesucristo, que no se divide en espíritu y cuerpo, y que resucitó físicamente de entre los muertos y subió para estar a la diestra de Dios (ver Marcos 16:19; Hechos 1:9-11; 2:33; Efesios 1:20; Colosenses 3:1; Hebreos 1:3).

3. Los unificadores cierran sus oraciones en el nombre de los Verdaderos Padres, en referencia al Reverendo y la Sra. Moon, de quienes se dice que aparecen en forma de espíritu ante los miembros de la unificación en diversos lugares del mundo. Los moonies dependen de sus obras para ser salvos y creen que sus ancestros espirituales son enviados para ayudarles a conseguir el objetivo de llegar a ser divinos.[146] Es en el nombre de Jesús, y no en el nombre de Moon que han de hacerse las oraciones (ver Juan 15:16; 16:23-24). La Biblia también enseña que nunca debemos acudir a espíritus de ancestros, mediums o canalizadores como Moon para encontrar ayuda. En cambio, hemos de confiar en la guía de la Palabra de Dios y el Espíritu Santo (ver Deuteronomio 18:9-14; Salmo 19:7-14; Juan 16:7-15).

4. Dios es impersonal y dualista, y contiene al yang y el yin, lo positivo y lo negativo, lo blanco y lo negro, lo «bueno» y lo «malo».[147] En contraste, ver 1 Juan 1:5 que dice con claridad que no hay maldad ni oscuridad en Dios, y que Dios es enteramente bueno.

5. El pecado del Jardín del Edén fue el sexo. «Que Eva comiera del fruto del conocimiento del bien y el mal denota que ella había consumado una relación de amor satánica con el ángel (Satán-serpiente)». Satán sedujo a Eva, y luego Eva tuvo sexo con Adán.[148] La Biblia dice que el sexo dentro del matrimonio es un regalo de Dios y no un pecado; el pecado en el jardín consistió en la desobediencia a las claras instrucciones de Dios (ver Génesis 3:6, 12-13; 1 Corintios 7:5).

6. La gente es básicamente buena, hasta divina, pero Satán los impulsa a hacer el mal. La gente puede salvarse por medio de su propio esfuerzo.[149] Comparar esto con Gálatas 2:15; Efesios 2:8,9; Santiago 1:14,15, que muestran que no somos divinos (sino creados por Dios); que somos propensos a la tentación a partir de nuestros malos deseos y nuestras propias obras no pueden salvarnos; solamente puede hacerlo la gracia de Dios.

Resumen

Sun Myung Moon es un clásico ejemplo de lo que el sociólogo y autoridad en sectas Ronald Enroth describe como «lleno de alucinaciones de grandeza mesiánica».[150] En los materiales de capacitación de la Iglesia de la Unificación Moon es llamado «Nuevo Mesías, Señor del Segundo Advenimiento».[151] Sin embargo, en Mateo 24:5, Jesús tiene esto para decir sobre los «nuevos Mesías»: «Porque vendrán muchos en mi nombre, diciendo: Yo soy el Cristo [o el Mesías]; y a muchos engañarán» [énfasis del autor].

UNITARISMO

Origen e historia

Los primeros unitarios fueron los monarquianos, un prominente grupo dentro de la Iglesia a mediados del siglo II, y hasta finales del siglo II, que no creían en la Trinidad. Los monarquianos fueron refutados con firmeza, aunque su pensamiento unitario volvió a surgir nuevamente en el siglo IV en las enseñanzas del hereje Arrio que afirmaba que Cristo era un ser creado y que no había Trinidad alguna. Las enseñanzas de Arrio fueron condenadas en el concilio de Nicea, en el año 325 d. C., pero la herejía unitaria continuó infectando el torrente sanguíneo de la Iglesia.

En el siglo XVI, el unitarismo se desarrolló entre los católicos romanos de Italia y Polonia a través de las enseñanzas de Laelio Socino y su sobrino Fausto Socino. Y en el siglo XVII, las ideas unitarias surgieron en Inglaterra en las enseñanzas de John Biddle (1615-1662). Para el siglo XVIII, el unitarismo se había extendido a EE.UU. con el trabajo de hombres como Jonathan Mayhew y Charles Chauncey, quienes ayudaron a cambiar a la Universidad de Harvard de su posición cristiana original al unitarismo.

Uno de los unitarios estadounidenses más conocidos fue William Ellery Channing, cuyo panfleto sobre las creencias básicas del unitarismo se convirtió en el panfleto más leído de EE.UU. desde que Thomas Paine escribiera Sentido Común, disparador de la Revolución de EE.UU.[152] Esto llevó a la formación de la Asociación Unitaria Estadounidense en 1825.

Hoy, todos los grupos de creencias unitarias se encuentran unidos o relacionados bajo la Asociación Universalista Unitaria (AUU), que fue creada en 1961 con la fusión de la Asociación Unitaria Estadounidense y la Iglesia Universalista de EE.UU. Según un cálculo estimado, la AUU tiene poco más de 200,000 miembros en todo el mundo, aunque otras encuentras muestran que puede haber unos 500,000 estadounidenses que se consideran unitarios-universalistas.[153]

Enseñanzas y prácticas

El pensamiento unitario formó la base de la teología liberal que rápidamente se desarrolló en los siglos XVIII y XIX a través de las enseñanzas de hombres como el teólogo alemán Frierich

Schleiermacher (1768-1834), quien creía que no existía un Dios trascendente. En cambio, los sentimientos del hombre eran su «base de la realidad». Jesús no era Dios, sino un hombre especial cuyos sentimientos de conciencia de dios habían alcanzado la más alta perfección.[154] Los unitarios y los liberales concuerdan, en su mayoría, respecto de determinados puntos considerados clave:

No creen que la Biblia es la palabra de Dios, y rechazan las doctrinas cristianas derivadas de la Biblia. Algunos dicen que hay partes que pueden contener la Palabra de Dios mezclada con superstición.

No piensan en Dios como persona. Piensan en Dios como Fuerza, Alma Superior, Primer Motor o hasta como alguien muerto.

Piensan en Jesús como meramente humano, un hombre excepcional como Moisés y Buda, pero nada más que un hombre.

Su teología cambia constantemente. La Dra. Dana McLean Greeley, ex presidente de los unitarios, lo dijo así: «En realidad, nosotros los unitarios cambiamos todo el tiempo. Y no estamos atados por adherir a un libro en particular –la Biblia– ni a una persona determinada, ni siquiera a Jesús...».[155]

Creen que el hombre no debe acudir a Dios por ayuda, sino que debe salvarse a sí mismo. Los unitarios no creen que los seres humanos sean pecadores; lo único que se requiere es llevar una vida buena y seguir la Regla de Oro.[156]

No creen que haya cielo o infierno, y no hay necesidad de salvación por medio de Jesucristo. La idea misma del infierno es un insulto para el unitario.

Como gran parte del pensamiento unitario pone al hombre por encima de Dios, era natural que el unitarismo se vinculara con el humanismo secular, que se hizo popular durante el siglo XX con la publicación del *Manifiesto Humanista I* y el *Manifiesto Humanista II*. Entre las muchas cosas declaradas en estos manifiestos, hay afirmaciones de que no hay Dios y que el universo siempre existió.

Sin embargo, la postura flagrantemente atea del humanismo ha hecho que los unitarios se incomodaran cada vez más en los últimos años, en particular con el surgimiento de muchas sectas de la Nueva Era que aceptan las ideas unitarias. Los unitarios se han alejado del racionalismo y el humanismo ateo, para pasar a una posición más «espiritual».[157] Al decir «posición espiritual», los unitarios no quieren decir que retornan a ningún tipo de creencia bíblica en Dios. Están hablando de avanzar hacia el panteísmo monista del oriente, una de las características de la espiritualidad de la Nueva Era (ver el capítulo 9).

Al apartarse del humanismo ateo y su frío racionalismo, que hacen de el hombre un «engranaje en una máquina», los unitarios han decidido no poner límites a la espiritualidad, incluyéndolo todo, aún la naturaleza. La AUU da la bienvenida a los neopaganos. Según Walter Martin, los unitarios han «aceptado con gusto el costado neopagano», al admitir incluso a las sacerdotisas Wicca a sus seminarios.[158]

La afirmación unitaria de que el hombre es básicamente bueno y que firmemente avanza para mejorar, se puede refutar fácilmente, pero sigue siendo fuente de conceptos fundamentales que se encuentran en muchos de los cultos y sectas que surgieron en el siglo XIX, en particular entre los Testigos de Jehová y los mormones.

Entonces, ¿cuál es la diferencia?

1. Los unitarios afirman que «la Biblia es...un mito»[159] y que la experiencia, conciencia y razón personales son la autoridad final.[160] Los cristianos bíblicos creen que la Biblia es el registro de inspiración divina, y no un mito (ver Mateo 22:29; 2 Pedro 1:16-21).

2. Los unitarios creen que «Dios es uno», pero al decir «Dios» se refieren a los procesos vivos de la naturaleza y la conciencia que operan en la humanidad; creen que Jesús era especial, pero no Dios en el sentido trinitario.[161] Los cristianos creen que Dios es el creador soberano de todo (ver Isaías 64:8, Hebreos 11:3) y que Jesucristo, segunda persona de la Trinidad, se refirió a sí mismo con frecuencia como Dios (ver Juan 10:30; 14:9).

3. Los unitarios no creen que la humanidad nazca en pecado y que Dios perdone nuestras imperfecciones.[162] Los

cristianos creen que el ser humano es pecador, caído en Adán (ver Romanos 3:23; 5:19).

4. Los unitarios rechazan la idea de que Dios sacrificó a Jesús, «su Hijo», como propiciación por el pecado humano, y creen en cambio en la salvación por medio del carácter.[163] Los cristianos creen que solamente la sangre derramada de Jesús es propiciación por los pecados (ver Romanos 3:24-25; Hebreos 9:22).

5. Los unitarios no se preocupan por el cielo o el infierno, sino que se concentran únicamente en esta vida.[164] Los cristianos creen que el cielo y el infierno son reales, no imaginarios (ver 2 Tesalonicenses 1:7-9; Hebreos 9:27).

Resumen

Aunque el unitarismo está reñido con el cristianismo bíblico en todos los aspectos, su punto más débil es la afirmación de que el hombre es básicamente bueno y que está mejorando continuamente. No hay duda de que los seres humanos están en un predicamento moral del que no pueden escapar. Queremos cambiar, pero ¿cómo hacerlo? Se nos ofrece por un lado la respuesta de los unitarios (que es la misma que ofrecen los liberales y humanistas seculares) Y por otro lado tenemos las bien conocidas palabras de Pablo el apóstol: «De modo que si alguno está en Cristo, nueva criatura es; las cosas viejas pasaron; he aquí todas son hechas nuevas» (2 Corintios 5:17). ¡Eso sí marca la diferencia!

WICCA (BRUJERÍA Y NEOPAGANISMO)

Origen e historia

La religión moderna de wicca, conocida también como Antigua Religión, Magick. brujería, el arte y los misterios, forma parte del movimiento neopagano. Todas las ramas del movimiento neopagano intentan revivir a los antiguos dioses y diosas, los cultos misterio y las religiones de adoración a la naturaleza propias de los celtas, los druidas, los egipcios, griegos, romanos, sumerios y otros pueblos.[165] Los wicca y grupos neopaganos se alientan de diversas fuentes, que incluyen el gnosticismo, los escritos de lo oculto, la masonería, las religiones nativas norteamericanas, el shamanismo, el espiritismo y hasta la ciencia ficción.[166] Durante la Edad Media y hasta bien adentrado el siglo XVII, las brujas, los brujos y satanistas eran cazados y asesinados por los católicos y los protestantes por igual.[167] Sin embargo, la wicca y el satanismo son religiones muy diferentes. Los wiccas modernos ven al satanismo como una distorsión de la relativamente nueva religión del cristianismo, en tanto la wicca, con raíces en religiones ocultas tales como el druidismo, es vista como perspectiva viable por derecho propio.[168]

El surgimiento del movimiento de brujería moderno tiene sus comienzos en Gerald Gardner (1884-1964), un arqueólogo británico que en los comienzos de su carrera fue al sudeste de Asia y estudió prácticas ocultas. Al regresar a Inglaterra, se inició en la brujería europea. Gardner escribió la novela *High Magic's Aid* [La ayuda de la alta magia] (1949) y una obra descriptiva, *Witchcraft Today* [La brujería hoy] (1954) en las que combinaba sus experiencias de lo oculto en Asia con textos occidentales de magia, y desarrollando una nueva religión con la adoración a la Madre Diosa como centro de atención.[169]

Se calcula que en todo el mundo hay entre 50,000 y 400,000 brujas, brujos y neopaganos.[170] Hoy, la wicca es reconocida en EE.UU. como una religión legítima, protegida por la ley y con exención de impuestos.[171] La wicca se practica en algunas ramas de los cuerpos militares y también se ha vuelto popular entre los adolescentes en los últimos años, debido a la atención creciente que le prestan los medios de comunicación y entretenimiento. Además, la wicca se ha infiltrado en muchas denominaciones cristianas, en particular entre las mujeres influenciadas por el movimiento feminista.[172]

Enseñanzas y prácticas

En esencia, la wicca es una religión de la naturaleza que se basa en la reverencia por el planeta Tierra, visto como manifestación de la

Diosa o «Gran Madre». La wicca y el neopaganismo son similares en muchos aspectos a las religiones de la naturaleza que se mencionan en la Biblia, donde se adoraban muchos dioses y se mezclaban las religiones. Por ejemplo, las religiones de fertilidad de Canaán atrajeron a muchos Israelitas y causaron la ira de Dios sobre ellos (ver 1 Reyes 14:22-24).[173] A causa de la tremenda diversidad entre los neopaganos, de los que la brujería es sólo una parte, es difícil decir específicamente qué es lo que creen las brujas, los brujos y otros neopaganos. En general, son antiautoritarios, y se niegan a tener una autoridad central. También están en contra del dogma religioso. Sin embargo, al crear sus propias creencias, los neopaganos mezclan y combinan diversas visiones y prácticas para construir su propia religión. La brujería y otros tipos de neopaganismo se alientan mayormente de la experiencia personal. Los neopaganos ven la verdad como subjetiva o relativa; la única forma en que uno puede conocer cualquier tipo de «verdad» es a través de las emociones o la intuición.[174]

El principio ético clave que enseñan los neopaganos se llama "Rede Wiccan", que podría formularse como: «Haz lo que quieras, pero sin dañar a nadie». Los wiccas creen que deben «seguir lo que indica su conciencia».[175]

La tolerancia es quizá la mayor virtud de los neopaganos, los brujos y las brujas. Sienten animosidad hacia el cristianismo por la afirmación exclusiva de ser «el único camino a Dios».

Muchos neopaganos creen en el aninismo: la idea de que la Tierra entera es un organismo vivo. La perspectiva de algunos brujos y brujas es que el animismo es «el corazón y el alma» de la antigua brujería.

Algunos neopaganos hasta creen que la materia inerte está viva (ej. las rocas) y que todos los objetos del universo entero tienen algún tipo de conciencia interior o psicológica. El politeísmo, el panteísmo y el monismo también son perspectivas sostenidas por algunos neopaganos.

La brujería celebra ocho fiestas principales al año, que llaman *sabbats*, todas centradas en los ciclos solares. Las reuniones regulares de brujas y brujos se llaman *esbats*. Las actividades incluyen iniciación de nuevos miembros al grupo o "coven", capacitación y enseñanza de brujería (adivinación y magia) y práctica de rituales. El *esbat*, por lo general, se realiza durante la luna llena o la luna nueva. Las brujas y brujos también practican entrar en estados alterados de conciencia y trances. Cuando están en trance, creen estar poseídos por la diosa. Los estados de trance comunes se describen como «atraer a la luna» o «atraer al sol». La adivinación, la magia y los hechizos en capacidad psíquica también forman parte de la práctica brujeril y neopagana. Muchos también practican el espiritismo, la interacción con los espíritus.[176]

Entonces, ¿cuál es la diferencia?

1. En cuanto a la revelación la experiencia es más importante que el dogma; la metáfora y el mito más importantes que la doctrina. «En la brujería, cada uno de nosotros debe revelar su propia verdad» (Starhawk).[177] Comparar esta idea con el Salmo 119:47, 72, 97, 140; 2 Timoteo 3:16; Hebreos 4:12.

2. La deidad para la mayoría de los neopaganos se encuentra al reconocer «la divinidad de la naturaleza y de todas las cosas vivas».[178] Los cristianos adoran al creador, y no a su creación (ver Deuteronomio 4:39; Romanos 1:25; Judas 25).

3. En cuando a Jesucristo, la brujería rechaza que Él fuera Dios encarnado o creador del universo. Una típica visión neopagana de Jesús es que «Era un gran brujo blanco, y conocía el secreto al "Coven de los Trece"».[179] En contraste, los cristianos creen que uno de los nombres de Jesús es Emanuel, que significa «Dios con nosotros» (ver Mateo 1:18-22; Juan 1:1,14, 18; 8:24; 14:6; Filipenses 2:5,6).

4. En cuanto a la humanidad, los brujos y las brujas creen en su propia naturaleza divina. «Eres Diosa, eres Dios».[180] Los cristianos creen que aunque creado a imagen de Dios (ver Génesis 1:26,27) el hombre es pecador y ha caído

(ver Romanos 5:12). Jesús enseñó que todas las clases de mal vienen de adentro del ser humano, y no de la divinidad (ver Marcos 7:14-23).

5. «La mayoría de las brujas y los brujos sí creen en algún tipo de reencarnación» (Starhawk).[181] Sin embargo, para la brujería la reencarnación no es como la ven los orientales, sino como algo positivo que eleva al alma en su progreso hacia la condición de deidad.[182] La reencarnación es antibíblica y anticristiana (ver 2 Corintios 5:8; Hebreos 9:26-28; 2 Pedro 2:9).

6. Algunos wiccas equilibran la adoración a la Diosa con su consorte, el dios con cuernos (i.e, Pan). El sexo se ve como regalo que hay que disfrutar sin sentir culpa moral. Comparar esto con 1 Corintios 6:18-20; 1 Tesalonicenses 4:3-8.

7. Los wiccas tienen una perspectiva mágica del mundo en la cual los que la practican intentan influir sobre la realidad mediante la invocación a espíritus o poderes invisibles. «La magia es el arte de la brujería» (Starhawk).[183] Para ver qué piensa Dios de la «magia», ver Deuteronomio 18:9-13; Isaías 8:19.

8. La bruja Starhawk resume la visión wiccana de la salvación cuando dice: «Podemos abrir nuevos ojos y ver que no hay nada de qué salvarse, no hay lucha de la vida contra el universo, no hay Dios fuera del mundo al que haya que temer y obedecer».[184] De los cientos de versículos que los cristianos pudieran ofrecer como respuesta, Juan 3:16 quizá sea el mejor: «Porque de tal manera amó Dios al mundo, que ha dado a su Hijo unigénito, para que todo aquel que en él cree, no se pierda, mas tenga vida eterna».

Resumen

La brujería es solamente una entre diversas formas de ocultismo que tiene considerable atractivo para los adolescentes. Las películas y programas de televisión se crean en torno a la brujería, que va en aumento en particular entre niñas y mujeres de la escuela secundaria y la universidad. El libro *Teen Witch: Wicca for a New Generation* [Bruja adolescente: wicca para una nueva generación], de Silver Ravenwolf es popular entre los adolescentes. Su sección introductoria les dice a los padres que «está bien que sus hijos lean el libro», que les ayudará a explicar por qué la brujería es «una de las religiones de más rápido crecimiento en EE.UU».[185] *Teen Witch* promete a sus jóvenes lectores que podrán explorar qué se siente ser «una bruja o brujo de verdad» a medida que descubren cómo los misterios de la wicca pueden resaltar o iluminar sus vidas. El libro también les enseña a preparar sus propias fórmulas mágicas con hierbas comunes, a crear su propio espacio sagrado y a aprender técnicas del arte de la brujería para obtener amor, dinero, salud, protección y sabiduría.[186]

Otras formas de actividades de ocultismo que hoy son populares entre los jóvenes incluyen el movimiento gótico (Goth) y el vampirismo. (Para encontrar recursos con más información sobre la brujería y el ocultismo, vea el Apéndice A.)

RECURSOS PARA ESTUDIO POSTERIOR

Colson, Charles, and Pearcey, Nancy, *How Now Shall We Live?* Wheaton, IL: Tyndale House Publishers, 1999. ¿Por qué es la perspectiva cristiana la única visión racional de la vida hoy en día?

Grudem, Wayne, *Systematic theology: An Introduction to Biblical Doctrine* . Downers Grove, IL: InterVarsity Press, 1994. Una introducción a la teología, fácil de leer, con fuente énfasis en las Escrituras; no técnico y práctico.

Sire, James. *The Universe Next Door: A Basic Worldview Catalogue*, 3d ed. Downers Grove, IL: InterVarsity Press, 1997. Incluye textos sobre teísmo cristiano, deísmo, naturalismo, nihilismo, existencialismo, monismo panteísta oriental, la Nueva Era y el postmodernismo.

JUDAÍSMO, ISLAM, HINDUISMO Y BUDISMO

Farah, Caesar E. *Islam*. Minneapolis, MN: Barron's Educational Series, 1994.

Langley, Myrtle. *World Religions*. Oxford, England: Lyon Publishing, 1993, caps. 2, 3, 9, 11.

Martin Walter. The Kingdom of the Cults. Revisado, actualizado y aumentado. Editado por Hank Hanegraaff. Minneapolis, MN: Bethany House, 1997. Ver capítulo 9, "Buddhism"; Capítulo 14 "Eastern Religions" y el apéndice D, "Islam": The Message of Mohammed."

McDowell Josh, and Stewart, Don. Handbook of Today's Religions. Nashville, TN:Thomas Nelson Publishers, 1983. Parte III, caps.1, 3, 8, 9.

Nazir-Ali, Michael, *Islam, A Christian Perspective*. Philadelphia, PA : The Westminster Press, 1983.

Yamamoto, J. Isamu. *Hinduism, TM & Hare Krishna*. Zondervan Guide to Cults and Religious Movements. Series ed. Alan W. Gomes, Grand Rapids, MI: Zondervan Publishing House, 1998. Un volumen en serie de 16 volúmenes.

Yamamoto, J. Isamu. *Buddhism, Taoism & Other Far Eastern Religions*. Zondervan Guide to Cults and Religious Movements. Series ed. Alan W. Gomes. Grand Rapids, MI: Zondervan Publishing House, 1998.

HUMANISMO SECULAR, POSTMODERNISMO Y NUEVA ERA

Colson, Charles and Pearcey, Nancy. *How Now Shall We Live?* Wheaton, IL: Tyndale House Publishers, 1999. Parte I "Worldview: Why It Matters."

Colson, Charles. *Answers to Your Kids' Questions*. Wheaton, IL: Tyndale House Publishers, 2000. Un libro de «lectura obligatoria» para padres y líderes de jóvenes sobre las preguntas que formulan los jóvenes sobre la existencia de Dios, el origen del mal, la creación, la evolución, la exactitud de las Escrituras, la deidad de Jesús, el sexo, el aborto y matar por piedad. El libro cubre 100 preguntar en total, y está escrito en un lenguaje que ayuda a entender cómo enfrentar la cultura postmoderna secular de nuestros días.

Groothuis, Douglas. *Confronting the New Age*. Downers Grove, IL: InterVarsity Press, 1998. Cómo entender y testimoniar ante los que están atrapados en el movimiento de la Nueva Era.

_____. *Unmasking the New Age*. Downers Grove, IL: InterVarsity Press, 1986. Cómo entender y testimoniar ante quienes están atrapados en el movimiento de la Nueva Era.

_____. *Truth Decay*. Downers Grove, IL: InterVarsity Press 2000. Potente y lógica defensa del cristianismo contra los desafíos del postmodernismo. Exige concentración para leerlo, pero es muy valioso.

McCallum, Dennos, gen. Ed. *The Death of Truth*. Minneapolis, MN: Bethany House Publishers, 1996. Excelente comparación del modernismo (humanismo secular) y el postmodernismo con el cristianismo bíblico.

McDowell, Josh, and Hosteler, Bob. *The New Tolerance*. Wheaton, IL: Tyndale House Publishers, 1998. Ilustraciones actuales de cómo el postmodernismo presiona a los cristianos en todos los caminos de la vida.

TESTIGOS DE JEHOVÁ Y MORMONES

Abanes, Richard. Cults, *New Religious Movements and Your Family*. Wheaton, IL: Crossway Books, 1998. Ver cap. O. "Mormonism Through the Looking Glass", un excelente tratamiento del tema, mostrando las actividades engañosas de Joseph Smith y las fuertes críticas a los escritos de Smith que los mormones consideran

Escrituras. Ver también el cap. 10 "Jehovah's False Witnesses". Con secciones especialmente fuertes en referencia al fracaso con respecto a predecir el Armagedón.

Blomberg, Craig L., and Robinson, Stephen E. *How Wide the Divide?* Downers Grove, IL: InterVarsity Press, 1997. Buen ejemplo del «Nuevo mormonismo». Blomberg podría haber puesto muchos aspectos en mayor contraste en lugar de permitir las conclusiones de Robinson que sugieren que los mormones y los cristianos no están tan apartados entre sí.

Bowman Jr, Robert M. *Jehovah's Witnesses*. Zondervan Guide to Cults and Religious Movements. Series ed. Alan W. Gomes. Grand Rapids, MI: Zondervan Publishing House, 1995. Un excelente repaso sucinto de la perspectiva de los TJ, con refutaciones a la doctrina de los TJ a partir de las Escrituras.

Martin, Walter, *The Kingdom of the cults*. Revisado, actualizado, aumentado. Editado por Hank Hanegraaff. Minneapolis, MN: Bethany House, 1997. Ver cap. 6. Exhaustivo tratamiento de todos los errores doctrinales de los mormones de parte de una autoridad que ha pasado gran parte de su vida debatiendo con mormones y ayudando a muchos de ellos a encontrar la verdad únicamente en las Escrituras.

Rhodes, Ron. *Reasoning from the Scriptures with the Jehovah's Witnesses*. Eugene, OR: Harvest House Publishers, 1993. Responde virtualmente todas las preguntas sobre los TJ.

Scott, Latayne Colvette. *The Mormon Mirage*. Grand Rapids, MI: Zondervan Publishing House, 1979. Una mirada esclarecedora al mormonismo, de parte de un ex mormón que habla de muchos temas que no pueden cubrirse en este libro por falta de espacio, incluyendo el bautismo de los muertos, el Dios Adán, la propiciación por la sangre, trabajo en el templo, vestiduras en el templo, conexión entre el mormonismo y la francmasonería (Joseph Smith era masón), la maldición de inferioridad para los nacidos de raza negra, que les prohibía llegar a ser sacerdotes mormones, hasta 1978, perspectivas mormonas sobre el fin de los tiempos y la verdadera Iglesia.

BAHA'I

Martin, Walter. *The Kingdom of the Cults*. Revisado, actualizado y aumentado. Editado por Hank Hanegraaff, Minneapolis, MN: Bethany House, 1997. Ver cap 19. "The Baha'i Faith", actualizado y editado por Gretchen Passantino. Ver especialmente las págs 330-331 para leer un resumen de cómo opera el Baha'i en los EEUU.

CIENCIA CRISTIANA O CIENCIOLOGÍA

Ehrenborg, Todd. Mind Sciences: *Christian Science, Religious Science, Unity School of Christianity*. Zondervan Guide to Cults and Religious Movements. Series ed. Alan W. Gomes. Grand Rapids, MI: Zondervan Publishing House, 1995. Completo tratamiento de las ciencias mentales con gran cantidad de referencias.

Martin, Walter. *The Kingdom of the Cults*. Revisado, actualizado y aumentado. Editado por Hank Hanegraaf, Minneapolis, MN: Bethany House, 1997. Ver cap. 7 "Christian Science". Además de proveer extensas citas de la ciencia, la salud y las refutaciones basadas en las Escrituras, Martin incluye una fuerte sección sobre la historia de la cienciología y de dónde sacó Mary Baker Eddy sus ideas.

EVOLUCIONISMO

Johnson, Philip E. *Darwin on Trial*. Downer's Grove, IL: InterVarsity Press, 1991. Este libro molestó a la comunidad evolucionista y causó grandes debates entre los evolucionistas y los creacionistas por igual. Ver los cap. 3-7 para encontrar un devastador razonamiento en contra de la macro evolución.

_____. *Reason in the Balance*. Downer's Grove, IL: InterVarsity Press. 1995. este libro se enfoca en el naturalismo como visión predominante de la ciencia, la ley y la educación. Ver en especial el cap. 4 "Is There a Blind Watch Maker?".

_____. *Defeating Darwinism by Opening Minds*. Downer's Grove, IL: InterVarsity Press, 1997. Este libro ofrece Buena educación de nivel de escuela secundaria sobre cómo pensar acerca de la evolución. Excelente también para estudiantes universitarios, padres, maestros, trabajadores en el ámbito de la juventud y pastores.

Colson, Charles and Pearcey, Nancy, *How Now Shall We Live?* Wheaton, IL: Tyndale House Publishers, 1999. Ver cap. 5-14 para leer una excelente presentación sobre las falacias del evolucionismo.

MASONERÍA

Campbell, Ron. *Free from Freemasonry*. Ventura, CA: Regal Books, 1999. Una mirada profunda a la sociedad secreta de la francmasonería, documentada extensamente con recursos masónicos.

Mather, George A., and Nichols, Larry. *Masonic Lodge*, Zondervan Guide to Cults and Religious Movements. Series ed. Alan W. Gomes. Grand Rapids: Zondervan Publishing House, 1995. Cubre el aspecto histórico de la francmasonería y todas sus diferencias teológicas con respecto al cristianismo bíblico.

HARE KRISHNA

Martin, Walter. *The Kingdom of the Cults*. Revisado, actualizado y aumentado. Editado por Hank Hanegraaff. Minneapolis, MN: Bethany House, 1997. Ver cap. 14 "Eastern Religions", tratamiento de la ISKCON, Meditación trascendental y Rajneeshismo.

IGLESIAS INTERNACIONALES DE CRISTO

Branch, Rick. *Watchman Fellowship Profile*. "Boston Church of Christ," Watchman Fellowship, P.O. Box 530842, Birmingham, AL 34243; tel (205) 871-2848; e-mail: vantagewfi@aol.com.

The Quarterly Journal. Publicado por Personal Freedom Outreach, P.O. Box 26062, St. Louis, MO 63136; tel (314) 921-9800. Pedir los artículos de Stephen Cannon.

The Christian Research Journal, 30162 tomas, Rancho Santa Marguerita, CA 92688; http//www.equip.org. Pedir artículos de Joanne Ruhland o James Bjornstad. Ruhland está en un ministerio contra los cultos y se especializa en IIC. Contactarla en Here's Life San Antonio, P.O. Box 12472, San Antonio, TX 78212.

Bauer, Rick, *Toxic Christianity – The International Churches of Christ/Boston Movement Cult.* Bowie, MD: Freedom House Ministries, 1994. Un excelente libro sobre la IIC y una Mirada al interior de las doctrinas y métodos de intimidación de parte de un ex líder de importancia en la organización.

IGLESIA DE LA UNIFICACIÓN

Abanes, Richard. *Cults, New Religious Movements and Your Family.* Wheaton, IL: Crossway Books, 1998. Ver cap. 7 "Moonies". Extensa documentación de la retorcida teología de Moon, incluyendo sus enseñanzas acerca de que Jesucristo falló al brindar salvación, algo que Moon afirma poder hacer.

Martin Walter. *The Kingdom of the Cults.* Revisado, actualizado y aumentado. Editado por Hank Hanegraaff. Minneapolis, MN: Bethany House, 1997. Ver capítulo sobre "Iglesia de la Unificación". Kart Van orden, que documenta cuidadosamente a partir de fuentes primarias sobre las raíces y prácticas de la Iglesia de la Unificación.

Yamamoto, J. Isamu. *Unification Church*, Zondervan Guide to Cults and Religious Movements. Series ed. Alan W. Gomes. Grand Rapids, MI: Zondervan Publishing House, 1995. Cubre todo con respecto a la Iglesia de la Unificación, desde su historia y prácticas a la teología de Moon que se contradice directamente con el cristianismo bíblico.

UNITARISMO

Gomes, Alan W. *Unitarian Universalism*, Zondervan Guide to Cults and Religious Movements. Seres ed. Alan W. Gomes. Grand Rapids, MI: Zondervan Publishing House, 1998. Lleno de información presentada de manera sucinta. La historia del unitarismo, y un completo análisis de sus doctrinas, con refutaciones a partir de las Escrituras.

Martin, Walter. *The Kingdom of the Cults*. Revisado, actualizado y aumentado. Editado por Hank Hanegraaff. Minneapolis, MN: Bethany House, 1997. Ver apéndice E, "Unitarian Universalism", p. 633ff. Una visión global del unitarismo y universalismo y cómo han cambiado de estrategias, volviéndose bastante agresivos al reaccionar contra lo que llaman la "derecha religiosa" (Ver también capítulos "Scaling the Language Barrier," "The Psychological Structure of Cultism", y "Critiquing Cult Mind Control Model, " p. 27-78)

WICCA, BRUJERÍA

Hawkins, Craig S. *Goddess Worship, Witchcraft and Neo-Paganism*, Zondervan Guide to Cults and Religious Movements. Series ed. Alan W. Gomes. Grand Rapids, MI: Zondervan Publishing House, 1995. Presenta la historia, creencias centrales, prácticas y teología de la brujería contemporánea y otras formas de neo-paganismo.

Para encontrar excelente información actualizada sobre cómo el mundo del ocultismo está atrayendo a la juventud, ver *The Watchman Expositor*, revista, vol 15, no. 6, 1998. Para obtener números atrasados de *The Watchman Expositor*, contactarse con Watchman Fellowship, Inc. P. O. Box 530842, Birmingham, AL 34243, tel. (205) 871-2858; http://www.watchman.org/al.

MINISTERIOS DE INFORMACIÓN SOBRE SECTAS

INFORMACIÓN SOBRE SECTAS, CULTOS, NUEVAS RELIGIONES, OCULTISMO Y NUEVA ERA

Religious Information Center
Richard Abanes, Presidente/Fundador
P.O. Box 80961, Rancho Santa Margarita, CA 92688
Tel/Fax (714) 858-8936; e-mail: raric@aol.com

Watchman Fellowship
James Walker, Director Nacional
P.O. Box 13340, Arlington, TX 76094
Tel (817)277-0023; fax (817) 277-8098;
http//www.watchman.org

Spiritual Counterfeits Project
Publications, Journal, Newsletter, Audio and Video Resources
Tal Brooke, President
P.O. Box 4308, Berkeley, CA 94704
Tel. comercial: (510) 540-0300
Tel. Hotline: (510) 540-5767 e-mail: scp@scp-inc.org
Hotmail: access@scp-inc.org
Sitio web: www.scp-inco.org

Personal Freedom Outreach
Kurt Goedelman, Presidente
P.O. Box 26062, St. Louis, MO 63136
Tel: (314) 921-9800

Jude 3 Missions
Kurt Van Gorden, fundador, director
P.O. Box 1901, Orange, CA 92668
Tel: (714) 247-1850

INFORMACIÓN SOBRE LOS TESTIGOS DE JEHOVÁ

Witness, Inc.
Duane Magnani, National Director
P.O. Box 597, Clayton, CA 94517
Tel: (510) 672-5979

Reasoning from the Scriptures Ministries
Ron Rhodes, Director
P.O. Box 80087, Rancho Santa Margarita, CA 92688
Tel/Fax (949) 888-8848; e-mail: ronrhodes@earthlink.net

INFORMACIÓN SOBRE MORMONISMO

Utah Lighthouse Ministry
Jerald y Sandra Tanner, fundadores/directores
P.O. Box 1884, Salt Lake City, UT 84110
Tel: (801) 485-8894, Fax: (801) 485-0312
e-mail: ulm@utah-inter.net; http://www.aphamin.org/catalog.html

Mormonism Research Ministries
Bill McKeever, Founder/Director
P.O. Box 20705, El Cajon CA 92021
Tel/Fax: (619) 447-3873; http://www.mrm.org

NOTAS FINALES

Introducción

1. George Barna, *Virtual America* (Ventura, CA: Regal Books, 1994), p 81-85, 283.
2. Ver, por ejemplo, "Call for New Reformation", del obispo episcopal John S. Spong, disponible en http://www.dioceseofnewark.org/jsspong.
3. Ronald H. Nash, *Worldviews in Conflict: Choosing Christianity in a World of Ideas* (Grand Rapids, MI: Zondervan Publishing House, 1992), p. 16.
4. Para ver diferentes descripciones de las preguntas a las que debe responder una perspectiva, ver James W. Sire, *The Universe Next Door*, 3rd ed (Downers Grove, IL: InterVarsity Press, 1997), p. 17, 18. También, Nash, *Worldviews in Conflict* P. 26-31.
5. Charles Colson y Nancy Pearcey, *How Now Shall We Live?* (Wheaton, IL: Tyndale House Publishers, Inc. 1999), p. 22.
6. Para ver un tratado más detallado del modo en que el teísmo cristiano responde a las grandes preguntas de la vida, ver James W. Sire, *The Universe Next Door*, p. 23-38.
7. Wayne Grudem, *Systematic theology: An Introduction to Biblical Doctrine* (Grand Rapids, MI: Zondervan Publishing House, 1994), p 857.
8. Ibid, p. 856.
9. Ibid, p. 855.
10. Ver David B. Barrett y Todd M. Jonson, "Annual Statistical Table of Global Missions: 2000", *International Bulletin of Missionary Research*, vol 24, No. 1 (Enero 2000). Entre los casi dos mil millones de personas que Barreto y Jonson ubican bajo la etiqueta de Cristianos, hay siete bloques o grupos eclesiásticos: Católicos romanos (1,056,920,000); ortodoxos orientales (ortodoxos griegos y ortodoxos rusos, 215,129,000); protestantes (342,035,000); anglicanos (Iglesia de Inglaterra y sus extensiones, que incluyen a los episcopales en los EE.UU., 79,650,000), católicos no romanos (grupos que se separaron de la Iglesia Católica [Universal] de los primeros siglos, incluyendo a los coptos, los armenios, los sirios y los maronitas, 6,688,000); cristianos aborígenes no blancos (que incluyen a denominaciones, iglesias o movimientos de color o no blancas, en países del tercer mundo, como así también a los evangélicos negros y neo-pentecostales negros de los EE.UU., 379,054,000); cristianos marginales (26,054,000). Ver David B. Barrett, ed. World Christian Encyclopedia, A Comparative Study of Churches and Religions in the Modern World, A.D. 1900-2000 (Oxford University Press, 1982), p. 125.
11. Grudem, *Systematic Theology*, p. 853. Según lo han señalado los teólogos a lo largo de los siglos, no todos los miembros de las iglesias visibles están en el Cuerpo de

Cristo. Por ejemplo, los cristianos marginales, según los identifica la encuesta de David Barrett, no serían considerados parte del Cuerpo de Cristo según la definición de este libro. Barrett define a los cristianos marginales como seguidores de movimientos o desviaciones para-cristianas, o cuasi-cristianas en occidente, derivados del protestantismo, lo cual incluye a los seudo cristianos y las sectas de la Nueva Era que no profesan la doctrina cristo-céntrica protestante, sino que reclaman una fuente continua, segunda o suplementaria de revelación divina, además de la Biblia. Ver Barrett, *World Christian Encyclopedia*, p. 125.

Capítulo 1

1. Habrá lectores sensibles a los términos en que se destaque la diferencia de los sexos. En esta versión actualizada nos esforzamos por actualizar también la terminología, evitando utilizar "hombre" o "mujer" y prefiriendo "seres humanos", o "personas", o "humanidad" en general. Aún así, en ciertos casos la palabra "hombre", u "hombres", se utiliza para referirse a la humanidad en general. Ver Génesis 5:2: «Varón y hembra los creó; y los bendijo, y llamó el nombre de ellos Adán, el día en que fueron creados»
2. Ver Lucas 22.66-70
3. Ver C. S. Lewis, "Rival Conceptions of God," en Mere Christianity (1943, reimpresión, Nueva York: Macmillan Press, 1980), p. 56.
4. Wayne Grudem, *Systematic Theology: An Introduction to Biblical Doctrine* (Grand Rapids, MI: Zondervan Publishing House, 1994), p. 530.
5. Ibid.
6. James Strong, *The New Strong's Concordance of the Bible* (Nashville, TN: Thomas Nelson Publishers, 1984).
7. Hay dos ejemplos más en Mateo 28:19 y 2 Corintios 13:14.
8. En Hechos 1:1 el autor relata lo que Jesús «comenzó a hacer» durante Su ministerio en la tierra, cómo la obra de Jesús fue continuada por medio del espíritu Santo (ver Hechos 1:6-8 y el resto del libro). Para más pasajes que afirman que el Espíritu Santo es Dios o igual a Dios, ver Hechos 5:3-4; 1 Corintios 2:10-11; 12:4-6; 2 Corintios 13:14; 1 Pedro 1:2; Judas 20:21.
9. Grudem, *Systematic Theology*, p. 255. Para un tratamiento más profundo de la doctrina de la Trinidad, ver el capítulo entero de Grudem, p. 226-261.
10. Everett F. Harrison, Geoffrey W. Bromley, Carl F. Hl. Henry, eds, *Baker Dictionary of Theology* (Grand Rapids, MI: Baker Book House, 1960), p. 532.
11. Ibid. p. 450.
12. Para ver más sobre la esperanza del cristiano a causa de la Resurrección, ver la totalidad de 1 Corintios 15; ver también 2 Corintios 4:14.
13. J. D. Douglas, ed, *The New International Dictionary of the Christian Church* (Grand Rapids, MI: Zondervan Publishing House, 1978), p. 840.
14. Aunque las tres ramas principales concuerdan en que Adán actuó como "cabeza federal", los teólogos ortodoxos de oriente sostienen un punto de vista diferente del resultado de la Caída, afirmando que "desvió al hombre del camino a la deificación", en lugar de sumirlo en total depravación (ver capítulo 4).
15. Grudem, "The Doctrine of Inherited Sin," Sección C en *Systematic Theology*, p. 494-498.
16. Ibid. p. 497
17. J. B. Phillips, *Letters to Young Churches* (New York: The Macmillan Company, 1950), p. xii.
18. Peter Stoner, *Science speaks* (Chicago: Moody Press, 1963), citado en Josh McDowell, *Evidence That Demands a Verdict*, vol. 1 (San Bernardino: Here's Life Publishers, Inc, 1979, 1991), p 166-167. Para ver muchos más ejemplos de profecías bíblicas cumplidas, ver el capítulo 9 entero, que cubre las profecías mesiánicas y el capítulo 11, "Profecías cumplidas en la historia".

19. McDowell, *Evidence*, p. 65
20. McDowell, *Evidence*, p. 64. Ver también la totalidad de "Part II- Information by Archaeology", en *Evidence*.
21. Phillips, *Letters*, p. xii
22. Para más referencias de lo que dijo Jesús sobre las Escrituras ver Mateo 4:4; 5:18.

Capítulo 2

1. Rabino Morris N. Kertzer, revisado por Lawrence A. Hoffman, *What is a Jew?* (New York: Collier Books, McMillan Publishing Co, 1999. Después de la muerte del rey Salomón cerca del año 922 AC, los israelitas se dividieron en dos reinos: la parte norte llamada Israel, y la parte sur llamada Judá. En 721 AC los Asirios barrieron el reino del norte (Israel), y dispersaron al pueblo. El único pueblo hebreo que quedó fueron los judeos, que vivían en el reino de Judá, al sur. Desde entonces, todo quien fuera conocido como hebreos era llamado judío, por judeo.
2. A. Cohen, *Everyman's Talmud* (New York: Schoken Books, 1949), p. xvi.
3. Mordell Kelin, comp., Passover (New York: Leon Amiel, Publishers, 1973).
4. David Chernoff, *Messianic Judaism: Questions and Answers* (Havertown, PA: MMI Publishing Co., 1990), p. 8.
5. Gary Thomas "The Lord Is Gathering His people", *Charisma Magazine* (Abril 1997), p. 54.

Capítulo 3

1. Caesar E. Farah, *Islam* (Minneapolis, MN: Barron's Educational Series, Inc. 1994), p. 5,6.
2. Myrtle Langley, *World Religions* (Oxford: Lion Publishing, 1993), p. 84.
3. Farah, Islam, p. 41.
4. Ver, por ejemplo Surah 4.171 en el Qur'an. Ver también Michael Nazir-Ali, *Islam, A Christian Perspective* (Philadelphia: The Westminster Press, 1983), p. 15.
5. Surah 96:1-5, citado en Farah, *Islam*, p. 39.
6. Farah, *Islam*, p. 39, 40.
7. Ibid. p. 38.
8. Kenneth Boa, *Cults, World Religions and You* (Wheaton, IL: Victor Books, 1977), p. 52, citado en Josh McDowell and Don Steward, *Handbook of Today's Religions* (Nashville, TN: Thomas Nelson Publishers, 1983), p. 387.
9. Farah, *Islam*, p. 157.
10. Boa, *Cults*, p. 52, citado en McDowell and Stewart, Handbook, p. 387.
11. McDowell y Stewart, *Handbook*, p. 386.
12. Ibid, p. 389, 390.
13. Langley, *World Religions*, p.89
14. McDowell y Stewart, *Handbook*, p. 390-392.
15. Ibid, p. 393.
16. En la mayoría de los comentarios musulmanes hay teorías sobre que Judas reemplazó a Cristo en la Cruz, o que Jesús fue trasladado al cielo antes de la Crucifixión, y que Él regresó a la tierra para consolar a su madre y los apóstoles. Ver, por ejemplo, George Sale, *The Koran, With Preliminary Discourse* (London: F. Warne and Col, n.d.), p. 38-39.
17. Nazir-Ali, *Islam, A Christian Perspective*, p. 17, 18.
18. Para encontrar documentación detallada sobre este hecho ver Bat Ye'or, traducido por Miriam Kochan y David Littman, *The Decline of Eastern Christianity Under Islam: From Jihad to Dhimmitude, Seventh-Twentieth Century* (Cranbury, NJ: Associated University Presses, 1996, publicado originalmente en francés en 1991.)
19. Los líderes musulmanes que viven en los EEUU afirman que continuamente deben estar corrigiendo «informaciones equivocadas y estereotipos» respecto del Islam. Ver, por ejemplo, Brad Bonhal "In the name of Islam, in the Name of Love", Los

Angeles Times, August 11; 1996. p. E1. Otros informes documentan claramente que continúan las persecuciones contra los cristianos de parte de los musulmanes, especialmente en países musulmanes. Ver Ralph Kinney Bennett, "The global War on Christians", Reader's Digest, Agosto 1997, p. 51; John Daniszewski "Mideast Christians Feel Persecuted", Los Angeles Times, Agosto 14, 1997. p. 1.

20. Marcus Mabry, "The Price Tag of Freedom", Newsweek (Mayo 3, 1999) p. 50-51.

21. "The New Religious Movements page on the Nation of Islam" parte del Religious Movements Homepage of the University of Virginia, en http://virginia.edu/jkh8x/soc257/nrms/islm.html

Capítulo 4

1. En mundo occidental incluye a Europa, América del Norte, América del Sur, Australia y Nueva Zelanda.

2. Donald A. McGavran, Ethnic Realities in the Church: Lessons from India (South Pasadera, CA: William Carey Library, 1978), cap. 1.

3. Joseph Padinjarekara, Christ in Ancient Vedas (Burlington, Ontario, Canada: Welch Publishing Co., 1991), p. 34.

4. Swami Prabhavananda y Frederick Manchester, The Upanishads, Breath of the Eternal (New York: Mentor Books, New American Library, 1975). P. 9.

5. Vishal Mangalwadi "Can Hindutva Survive the Persecution of Christians in India?" Mission Frontiers (Marzo-abril 1999), p. 24.

6. Funk and Wagnall's New Encyclopedia, 1971,s.v. "Hinduism"

7. Ver el sitio web de la Universidad de Washington State, que ofrece una breve descripción de Brahman y atman, http://www.wsu.edu:8080/"dee/GLOSSARY/BRAHMAN.HTM (acceso 21-11-00).

8. Funk and Wagnall's New Encyclopedia, 1971, s.v. "Hinduism"

9. Funk and Wagnall's New Encyclopedia, 1971, s.v. "Puranas"

10. La religión cananita era corrupta y brutal, e incluía la prostitución de ambos sexos y el sacrificio de niños. A causa de estos y otros males Dios ordenó a los israelitas que exterminaran a los habitantes de Canaán y porque no lo hicieron por completo, debieron pagar el precio años más tarde. Ver Charles Caldwell Ryrie, "Introduction to the Book of Joshua", The Ryrie Study Bible (Chicago, IL: Moody Press, 1978), p. 326.

11. J. Isamu Yamamoto, Hinduism, TM and Hare Krishna, Zondervan Guide to Cults and Religious Movements, series ed. Alan W. Gomes (Grand Rapids, MI: Zondervan Publishing House, 1998), p. 13.

12. Swami Prabhavanda, The Sermon on the Mount According to Vendanta (Hollywood, CA: Vendanta Press, 1972).

13. Ibid.

14. Mahatma Ghandi Autobiography (Washington DC: Public Affairs Press, 1948), p. 170.

15. Ibid.

16. Estas encarnaciones (avatares) incluyen un pez, una tortuga, un jabalí y un hombre-león además de diferentes formas humanas que incluyen a Siddhartha Gautama, fundador del budismo Kalki; el décimo avatar está aún por llegar. Ver Myrtle Langley, World Religions: A Guide to Faiths That Shaped the World (West Oxford: Lyon Publishing pls, 1993), p. 22

17. Citado por S. H. Kellogg, A Handbook of comparative Religions (Philadelphia, PA: Westminster, 1899), p. 30.

18. Yamamoto, Hinduism, TM and Hare Krishna, p. 55, 85.

19. Yogananda, Paramahansa, Autobiography of a Yogi (Los Angeles, CA: Self-Realization Fellowship, 1972), p. 195, 196.

20. Ibid.

Capítulo 5

1. Josh McDowell and Don Steward, *Handbook of Today's Religions* (Nashville, TN: Thomas Nelson Publishers, 1983), p. 304-306.
2. David B. Barrett y Tom M. Jonson, "Annual Statistical Table on global Missions: 2000", *International Bulletin of Missionary Research*, vol. 24, no. 1 (enero 2000). Barrett y Johnson calculan que en 2000, en el mundo había 359.982.000 de budistas.
3. Myrtle Langley, World Religions: *A Guide to the Faiths that Shape the* world, p. 30.
4. Ibid.
5. Yamamoto, Buddhism, *Taoism & other Far Eastern Religions*, p. 15.
6. McDowell and Stewart, *Handbook*, p. 318.
7. Walter Martin, *Kingdom of the Cults, Revised, Updated and Expanded*, ed. Hank Hanagraaff (Minneapolis, MN: Bethany House Publishers, 1997), p. 302.
8. Para más información sobre budismo, ver Funk and Wagnalls *New encyclopedia*, 1971, s.v. "Buda", "Buddhism".
9. George A. Mather and Larry A. Nichols, *Dictionary of Cults, Sects, Religions and the Occult* (Grand Rapids, MI: Zondervan Publishing House, 1993), p. 45.
10. Ibid, p. 46.

Capítulo 6

1. Walter Martin, *The Rise of the Cults* (Grand Rapids, MI: Zondervan Publishing House, 1955), p. 11,12.
2. Martin, *Kingdom of the Cults, Revised, Updated and Expanded*, ed. Hank Hanagraaff (Minneapolis, MN: Bethany House Publishers, 1997), p. 17.

Capítulo 7

1. Las estadísticas posteriores son de "1998 Report of Jehovah's Witnesses Worldwide", publicado en el sitio de Internet oficial de la Sociedad Atalaya: http://www.watch-tower.org.statistics.
2. Ibid. Movements and
3. Para ver citas de las publicaciones de los TJ, ver Ronald Enroth, ed, *Evangelizing the Cults* (Ann Arbor, MI: Servant Publications, 1990), p. 121.
4. Richard Abanes, *Cults, New Religions Your Family* (Wheaton, IL: Crossway Books, 1998), p. 229-231.
5. Martin, *Kingdom of the Cults*, p. 80; ver también Mather and Nichols, Dictionary of Cults, P. 148.
6. Martin, *Kingdom of the Cults*, p. 83-87.
7. Para ver la cita completa de Russell, ver Martin, *Kingdom of the Cults*, p 87.
8. Abanes, *Cults*, p. 235, 237.
9. El nombre Jehová no aparece en realidad en la Biblia; es la forma traducida de pronunciar las consonantes hebreas JHVH (conocidas como Tetragrama), que los escritores del hebreo del Antiguo Testamento utilizaban para referirse al Señor, Dios.
10. La enseñanzas de los TJ acerca de que solamente 144.000 irán al cielo se basa en una interpretación errónea de Apocalipsis 7:4-8. El pasaje claramente se refiere a las doce tribus de Israel, 12.000 de cada tribu, que se nombran y enumeran con claridad.
11. Ron Carlson y Ed Decker, *Fast Facts on False Teachings* (Eugene, OR: Harvest House Publishers, 1994), p. 126.
12. Por ejemplo, en 1938 la WTBTS aconsejaba a todos los TJ que no se casaran ni tuvieran hijos. En cambio, debían pasar el tiempo trabajando por el reino venidero, del que disfrutarían después de sobrevivir al Armagedón. Ver Abanes, *Cults*, p. 239.
13. Para ver citas de las diversas publicaciones de la Watchtower que enseñaban que en 1975 ocurriría el Armagedón, ver Abanes, *Cults*, p. 240, 241.
14. Para ver citas de las publicaciones de la Watchtower, que cambiaban hacia 1975 la

fecha del Armagedón, instando a los TJ a no casarse, tener hijos o seguir con sus carreras profesionales, ver Abanes, Cults, p. 240, 241.

15. Para la transcripción literal de la admisión de Franz, considerada perjurio, ver Martin, *Kingdom of the Cults*, p. 124.

16. Abanes, *Cults*, p. 241, 242.

17. Ibid, 242-243.

18. Para ver sólo algunas referencias ver Deuteronomio 13:5; 18:22; Isaías 9:15; Jeremías 2:8; Oseas 9:7; Mateo 7:15; 24:11; Marcos 13:22.

19. Abanes, *Cults*, p. 243-252, en especial la famosa analogía de los TJ en cuando a «ir con el viento», que utilizan para excusar sus muchos errores de profecía, como los cambios doctrinales en torno a cantidad de temas, incluyendo las vacunas y el trasplante de órganos.

20. *¡Despertad!* (mayo 8, 1951), p. 26.

21. Para comparar en paralelo las enseñanzas de Russell con las del Atalaya en estos días, ver Martin, Kingdom, p. 107-110.

22. James Bjornstad, *Counterfeits at Your Door* (Ventura, CA: Regal Books, 1979), p. 78.

23. Ibid. P. 80, 81.

24. Abanes, *Cults*, p. 253ff. Ver también la excelente presentación de Abanes sobre la "bendita Trinidad", apéndice A, p. 265-268.

25. La versión del nacimiento del vientre de una virgen según los TJ se enseña en el libro del Atalaya *The Kingdom is at Hand* [El reino está cerca], p. 49. Ver también Bjornstad, Counterfeits, p. 66.

26. Bjornstad, *Counterfeits*, p. 65-76.

27. Para ver en detalle la afirmación de los TJ en cuanto a que Jesús es el arcángel Miguel, ver Bjornstad, cap. 6 "What do they say about Jesus?", p. 65-76.

28. Walter Martin observa que los TJ gustan señalar que la Biblia New English Version también se refiere al verbo como que era un dios, dando credibilidad a su traducción. Martin y muchos otros eruditos del griego dicen, sin embargo, que la Traducción del Nuevo Mundo sencillamente tuerce y traduce mal el pasaje. Ver Martin, *Kingdom of the Cults*, p. 141.

29. Ver Ron Rhodes, *Reasoning from the Scriptures with the Jehovah's Witnesses* (Eugene, OR: Harvest House Publishers, 1993), p. 103-104. La entrevista de Walter Martin con el Dr. Mantey apareció en el *Christian Research Newsletter*, 35. p. 5

30. Ibid, p. 129. Ver también Robert M. Bowman, Jr. *Jehovah's Witnesses*, Zondervan Guide to Cults and Religious Movements, series ed. Alan Gomes (Grand Rapids, MI: Zondervan Publishing House, 1995), p. 24-25, para ver por qué en griego la presencia o ausencia del artículo definido no altera el significado fundamental de un sustantivo.

31. Para ver otro clásico ejemplo de cómo la traducción errónea del Nuevo Mundo intenta hacer de Cristo algo menos que Dios, ver Martin, Kingdom, p. 118-119, donde habla sobre Filipenses 2:5-11. La traducción correcta de Filipenses 2:6 dice que Cristo *"siendo en forma de Dios, no estimó el ser igual a Dios como cosa a que aferrarse"*. La Traducción del Nuevo Mundo cambia el griego para que diga «no tenía ambición de llegar a ser igual que su Padre».

32. Para comparar las enseñanzas de Russell con las actuales doctrinas de los RJ sobre la Resurrección, ver Martin, *Kingdom of the Cults*, p. 108-109.

33. Bjonstad, "What is Re-Creation?" Cap. 9 en Counterfeits, p. 93-94.

34. Passantino, "Jehova's Witnesses", Evangelizing, p. 133.

35. Para ver cinco ejemplos de los errores de Atalaya en cuanto al Espíritu Santo, ver Martin, *Kingdom*, p. 102, 103.

36. Wesley Walters y Kart Goedelman, "Jehova's Witnesses", citado en *A Guide To Cults and New Religions* (Downers Grove, IL: InterVarsity Press, 1983), p. 109. Para más referencias, ver Robert M. Bowman, Jr. *Jehovah's Witnesses*, p. 29-30.

37. Bjornstad, *Counterfeits,* p. 87.
38. Para ver ejemplos de las erróneas enseñanzas de los TJ sobre la propiciación, ver Martin, *Kingdom of the cults,* p. 103-104. Ver también Bjornstad, *Counterfeits,* p. 85-87.
39. Atalaya (octubre 15, 1958), p. 614, 615, citado en "Jehova's Witnesses Good News", http://home.sol.no/norhov/Incredib.htm.
40. Anthony A. Hoekema, *Jehova's Witnesses* (Grand Rapids, MI: Win.a B. Eerdmans Publishing Co. 1963), p. 107.
41. Los eventos de los días postreros según los TJ se tratan en mayor detalle con citas de publicaciones de Atalaya en el libro de Anthony Hoekema, *Jehovah's Witnesses,* p. 108-121.
42. Descripción de la agenda semanal de los TJ, tomada de *Jehovah's Witnesses in the Twentieth Century,* citada en Martin, *Kingdom of the Cults,* p. 96.
43. Martin, *Kingdom,* p. 165.
44. El Atalaya (enero 15, 1983), p. 22, 27.
45. El Atalaya (mayo 1, 1972), p. 272.
46. *Let God be True,* rev. Ed (Brooklyn, NY: Watchtower Society, 1952). Presenta un resumen de doctrinas enseñadas por los testigos de Jehová.
47. *The Truth Shall Make You Free* (Brooklyn, NY: Watchtower Society, 1943).
48. *Let God,* p. 276.
49. Abanes, *Cults,* p. 253; ver también apéndice A "Blessed Trinity", p. 265-268.
50. El Atalaya (julio 1, 1947), p. 204.
51. Charles Taze Russell, *Studies in the Scriptures,* vol 2 (Brooklyn, NY: Watchtower Bible and Tract Society, 1886-1917), p. 191.
52. *Let God,* p. 68.
53. *You Can Live Forever in Paradise on Earth* (Brooklyn, NY: Watchtower Bible and Tract Society, 1982), p. 77.

Capítulo 8

1. Estadísticas publicada por Adherents.com "Religious Bodies of the World with at Least 1 Million Adherents", http://www.adherents.com/adh_rb-.html, que indica que la IJS tiene 10.600.000 miembros al 14 de septiembre de 1999.
2. Carlson and Decker, *Fast Facts on False Teachings,* p. 163, 164.
3. Para leer el relato del mismo Smith, vea Joseph Smith, *Pearl of Great Price* (SALT Lake City, UT: Church of Jesus Christ of Latter Day Saints, 1968), p. 46-48.
4. George A. Mather y Larry A. Nichols, *Dictionary of Cults, Sects, Religions and the Occult* (Grand Rapids, MI: Zondervan Publishing House, 1993), p. 186-188; ver también Daniel H. Ludlow, ed, *Encyclopedia of Mormonism,* vol 2 "History of the Church" (New York: Macmillan Publishing Co., 1992), p 498-601.
5. Mather y Nichols, *Dictionary of Cults,* p. 188.
6. Para leer un relato detallado de la utilización de piedras videntes de parte de Smith para desvelar o adivinar, y su participación en otras actividades de lo oculto, como llevar un talismán mágico de Júpiter, ver Abanes, Cults, p. 190-197. Ver también Encyclopedia of Mormonism, vol 1, p. 601, donde se admite la sentencia a Smith en la corte, aunque se la explica como una "experiencia que le ayudó a aprender a discernir entre el bien y el mal". Ver también Smith, *Pearl of Great Price,* p. 54, para leer la explicación que da el mismo Smith de su reputación como "buscador de tesoros". No menciona, sin embargo, el episodio de la corte y su sentencia.
7. Smith "History", en *Pearl of Great Price,* p. 55, 56.
8. E. d. Howe, *Mormonism Unveiled* (Painsville, OH: E. D. Howe, 1834). Para ver una copia de la carta entera, ver Martin, *Kingdom of the Cults,* p. 197-199.
9. Mather and Nichols, *Dictionary of Cults,* p. 189, 190.
10. Ibid, p. 48. Ver también Joseph Smith, *Doctrine and Covenants* (Salt Lake City, UT: The Church of Jesus Christ of Latter-Day Saints, 1982), sección 132:54.

Evidentemente Smith había estado practicando la poligamia mucho antes de dar esta revelación. *Doctrine and Covenants* [Doctrina y convenios], sección 132:52 cuenta que Dios le dijo a Emma "que recibiera a todas las que le han sido dadas a mi siervo, Joseph" (frase destacada por el autor).

11. Para ver una versión de lo sucedido cuando murió Joseph Smith, ver Daniel H. Ludlow, The *Encyclopedia of Mormonism*, vol (New York, Macmillan Publishing Co, 1992), p. 613, 860-862. para ver otro relato, leer Kart Van Gorden, *Mormonism*, Zondervan Guide to Cults and Religious Movements, p. 11, que indica que Smith disparó contra tres hombres, matando a dos; información basada en la publicación mormona *Documentary History of the Church of Jesus Christ of Latter-day Saints*, 6 vols. B. H. Roberts, ed (SALT Lake City: Desert Book Co. 1976), 7:102.

12. *Encyclopedia or Mormonism*, vol 2. p 613-622, también vol 4 p. 1609.

13. "Excerpts from three addresses by President Wilford Woodruff regarding the Manifesto", en *Doctrine and Covenants*, p. 292, 293.

14. Brigham Young, *Journal of Discourses*, 10:100 y 8:115, citado en Abanes, Cults, p. 205-207.

15. Bruce McConkie, *Mormon doctrine* (Salt Lake City, UT: Bookcraft, 1966), p. 513.

16. Este breve relato de las dos grandes civilizaciones que produjeron el *Libro de Mormón* se basa en material que está en la Introducción del *Libro de Mormón*, citado en Abanes, *Cults*, p. 211.

17. Para ver más detalles sobre el *Libro de Mormón*, su falta de evidencia arqueológica, los anacronismos, contradicciones, plagios, etc, ver Martin, *Kingdom of the Cults*, p. 192-212. Ver también Floyd C. McElveen, *The Mormon Illusion* (Ventura, CA: Regal Books, 1984), p. 61.

18. Harry Ropp, The Mormon Papers (Downer's Grove, IL: InterVarsity Press, 1977), p. 51-54. Ropp cita, entre otros, a John L. Sorenson, un anciano mormón y profesor adjunto de antropología y sociología de la Brigham Young University; y D. Green, ex profesor adjunto de antropología, con una maestría en arqueología obtenida en la BYU.

19. Joseph Smith, documentado en *History of the Church* (Salt Lake City, UT: Desert Book Co. 1978). 4:461.

20. Joseph Smith, "The Articles of Faith of the Church of Jesus Christ of the latter Day Saints," *The Pearl of Great Price*, (Salt Lake City, UH: The Church of Jesus Christ of Latter-day Saints, 1968), p.60.

21. Orson Pratt, *Orson Pratt's Works* (Salt Lake City, UT: Desert News Press, 1945), p. 196, citado en Marvin W. Cowan, *Mormon Claims Answered*, rev. ed. (Salt Lake City, UT: Utah Christian Publications, 1989).

22. En total contraste con el Libro de Mormón, se sigue demostrando continuamente que la Biblia es correcta y auténtica. Por ejemplo, en 1993 los arqueólogos descubrieron una piedra de basalto con una inscripción que hacía referencia a "la casa de David." Fue la primera evidencia real de la existencia del Rey David que se encontró en registros antiguos, fuera de lo que son las Escrituras. Ver Jeffrey L. Séller, "Is the Bible True?" *U.S. News and World Report* (Octubre 25, 1999) p. 50-52. También, un excelente documento sobre la veracidad de la Biblia es F. F. Bruce, *The New Testament documents: Are They Reliable?* (Downers Grove, IL: InterVarsity Press, 1973).

23. Para ver una lista completa de lo que Smith incluyó en *Doctrina y Alianzas*, que no aparece en el *Libro de Mormón*, ver Ropp, *Mormon Papers*, p. 55.

24. Cowan, *Mormon Claims*, p. 68-72, ver también p. 72-76 para ejemplos de más falsos profetas mormones. Ver también Martin, *Kingdom of the Cults*, p. 207, 208.

25. Cuando Smith comenzó a compilar sus revelaciones además de las del LM, se publicaron las primeras 65 como "El Libro de Mandamientos", en 1833. En 1835 se

agregaron más revelaciones, y la colección entera cambió de nombre para llamarse *Doctrina y Alianzas*. Para ver más sobre los cambios de doctrina y Alianzas, ver Ropp, *Mormon Papers*, p. 56-62.

26. Ropp, *Mormon Papers*, p. 67, 68.

27. Abanes, *Cults*, p. 216-220, que incluye ejemplos de la traducción correcta de diversos jeroglíficos egipcios y la traducción del *Libro de Abraham* de Joseph Smith.

28. *Encyclopedia or Mormonism*, vol 1. p. 136.

29. James Talmadge, *A Study of the Articles of Faith* (Salt Lake City, UT: The Church of Jesus Christ of Latter Day Saints, 1952), p. 430.

30. Pratt, *The Seer*, p. 132.

31. Latayne Colvette Scout, *The Mormon Mirage* (Grand Rapids, MI: Zondervan Publishing Co. 1979), p. 167-171. En *Journal of Discourses*, 6:3, James Smith enseñaba que "Dios el padre de todos nosotros vivió en una tierra así como lo hizo Jesucristo mismo". Joseph Fielding Smith, 10mo presidente/profeta de la iglesia mormona, enseñaba que "nuestro padre del cielo en un momento pasó por una vida y muerte, y es un hombre exaltado" (Ver Joseph Fielding Smith, *Doctrines of Salvation* (Salt Lake City, UH: Bookcraft, 1956), 1:10.

32. *Encyclopedia of Mormonism*, Vol. 2, p. 868, 869. Joseph Smith enseñó esta idea por primera vez en *Doctrine and covenants*, cuando dijo: "Los elementos son eternos" (93:33). Ver también Sterling McMurrin, *The Philosophical Foundations of Mormon Theology* (Salt Lake City: University of UTA Press, 1959), p. 12, 29, citado en James Bjornstad, *Counterfeits*, p. 117.

33. Bjornstad, *Counterfeits,* p. 110, 111; ver también *Encyclopedia of Mormonism*, vol. 2, p. 379.

34. Para ver más sobre el racismo de los mormones durante casi 150 años, ver Abanes, *Cults*, p. 205-208.

35. Ezra Taft Benson, *Teachings of the Prophet Ezra Taft Benson* (Salt Lake City, UT: Bookcraft, 1988), p. 7.

36. Para ver más sobre cómo fue concebido Jesús por Dios como espíritu, concebido por la Virgen María por tener relaciones sexuales con Dios, y el casamiento y paternidad de Jesús, ver Abanes, *Cults*, p. 204, 205; Bjornstad, *Counterfeits*, p. 110-112; Scout, *Mirage*, p. 173-176; Van Gorden, *Mormonism*, Zondervan Guide, p. 44-52; Cowan, *Mormon Claims*, p. 21-23.

37. *Journal of Discourses*, 6:4; citado en Van Gorden, *Mormonism*, Zondervan Guide, p. 48, 49.

38. Estas ideas fueron enseñadas por Joseph Fielding Smith, décimo presidente de la iglesia mormona en *Doctrines of Salvation*, 2:48, y por Heber C. Timbal, primer consejero de Brigham Young, en *Journal of Discourses*, 1:356. Ver Van Gorden, Mormonism, Zondervan Guide, p. 56-57. Ver también Encyclopedia of Mormonism, vol 2, p. 465-466, 479, 554, 555.

39. Técnicamente el mormonismo no es politeísmo (creencia o adoración de muchos dioses). Es más exacto decir que el mormonismo es henoteísta (adoración de un solo Dios aunque se crea en la existencia de muchos otros), ver Bill McKeever y Eric Jonson del Mormonism Research Ministry, "How Wide Is the Divide?" (Septiembre 1997), disponible en Internet en http://www.mrm.org/articles/divide.html.

40. Joseph Smith, *Journal of Discourses*, 6:4.

41. Para ver otro conjunto de Escrituras referentes a la unidad y eternidad de Dios ver Isaías 44:6; 45:5, 14, 21,22; 46:5; y especialmente 46:9: "porque yo soy Dios, y no hay otro Dios, y nada hay semejante a mí".

42. Joseph Smith, *Documentary History*, 6:476.

43. Van Gorden, *Mormonism*, Zondervan Guide, pp. 51, 52.

44. *Encyclopedia of Mormonism*, vol 2, S.V. "Godhead", p 552, 553. Para ver más sobre

la diferencia entre la Trinidad mormona y la Trinidad bíblica, ver Van Gorden, Mormonism, Zondervan Guide, p. 29-44; Cowen, *Mormon Claims*, p. 13, 14; y Scout, *Mirage*, p. 167-169, para leer sobre cómo Smith pasó del monoteísmo y los conceptos de la Trinidad a la idea de tres dioses en la deidad.

45. Joseph Smith, "Articles of Faith", no. 3 *Pearl of Great Price*.

46. Cowan, *Mormon Claims*, p. 102, para enseñanzas de Joseph Fielding Smith, profeta de la iglesia y James Talmadge, un apóstol, en cuanto a los dos tipos de salvación.

47. Bjornstad, Counterfeits, p. 133, 134. Para ver los ocho requisitos completos, ver Cowan, *Mormon Claims*, p 104-131.

48. Craig L. Blomberg y Stephen E. Robinson, *How Wide the Divide?* (Downers Grove, IL: InterVarsity Press, 1997)

49. Ibid. P. 18.

50. Ibid, p. 20.

51. Ibid, p. 20.

52. Ibid, p. 163.

53. La revisión más completa (y una de las mejores) es McKeever y Eric Jonson "How Wide Is the Divide?" http://www.mrm.org/articles/divide.html. También es excelente James R. White, "How Wide the Divide? A Mormon and Evangelical in conversation", *Christian Research Journal* (November/December 2997), p. 48-51; y Eric Perment, "Is Mormonism Christian?" *Cornerstone Magazine*, vol 26, no. 112 (1997), p 43, 44, 46, 47. Disponible también en Internet en http://www.cornerstonemag.com/archives/index/iss112htm. Otra revisión de gran interés es "Sizing Up the Divide: Reviews and Replies", que aparece en BYU *Studies* 38, no 3 (1999). Los editores de la BYU dan un resumen de diversas revisiones, libros, etc, hechos sobre *How Wide the Divide?* desde su publicación en 1997, citando comentarios a favor y en contra de parte de mormones y evangélicos. La revisión también incluye respuestas de parte de Robinson y Blomberg a los diversos puntos expuestos en el libro.

54. Robinson, *How Wide the Divide?* p. 15.

55. Ver http://www.mrm.org/articles/divide. html (acceso 8-11-00).

56. Ver http://www.mrm.org/articles/divide. html (acceso 8-11-00).

57. Joseph F. Smith, *Gospel Doctrine* (Salt Lake City: UT: Desert Book Company, 1977), p. 36.

58. Daniel H. Ludlow, ed., *Encyclopedia of Mormonism*, vol 1 (New York Macmillan Publishing Co., 1992), p. 106-107.

59. Joseph Smith, *Doctrine and Covenants*, 130:22.

60. Talmadge, *A Study of the articles of Faith*, p. 430.

61. Ibid. P. 47, 48.

62. Joseph Fielding Smith, *Teachings of the Prophet, Joseph Smith*, (Salt Lake City, UT: Desert Book Co. 1949), p. 370.

63. Grudem, *Systematic Theology*, p. 226. También ver todo el capítulo 13, p. 226-261.

64. Joseph Smith, "The Articles of Faith of the Church of Jesus Christ of Latter Day Saints", pearl of Great Price, p. 60.

65. Bruce McConkie, *What Mormons Think of Christ* (Salt Lake City, UT: Bookcraft), p. 28

66. Bruce McConkie, Mormon Doctrine (Salt Lake City, UT: Bookcraft, 1966). P. 670.

67. Ibid.

Capítulo 9

1. Russell Chandler, *Understanding the New Age* (Dallas, TX: Word Publishing, 1988), p. 17.

2. J. Gordon Melton, *Encyclopedic Handbook of Cults in America* (New York and London: Garland Publishing, 1986), p. 113, citado en Chandler, *Understanding*, p. 27.

3. Mary Ann Lind, *From Nirvana to the New Age* (Grand Rapids, MI: Fleming H. Revell Co.Publishers, 1991), p. 34-42.
4. Para leer por qué la Nueva Era es un "término paraguas", ver Chandler, *Understanding*, p. 17.
5. Estadísticas basadas en investigación realizada por Chandler, Understanding, p. 20, 21.
6. Lind, *From Nirvana to the New Age*, p. 51.
7. Douglas R. Groothuis, "The New Age Movement" (Downers Grove, IL: InterVarsity Christian Fellowship, 1986). P.9.
8. Shirley MacLaine, *Dancing in the Light* (New York: Bantam Books, 1985), p. 420.
9. Douglas R. Groothuis "The New Age Movement" (Downers Grove, IL: InterVarsity Christian Fellowship, 1986), p.9.
10. Groothuis, "The New Age Movement", p. 15.
11. MacLaine, *Dancing*, p. 420.
12. Gene Edward Veith, *Post-Modern Times* (Wheaton, IL: Crossway Books, una división de Good News Publishers, 1994), p. 199.
13. Chandler, *Understanding*, p. 206. El Espiritismo también era conocido popularmente como "Espiritualismo", aunque "espiritismo" es la palabra más adecuada. Ver J. K. Van Baalen, The Chaos of Cults (Grand Rapids, MI: W. B. Eerdmans Publishing co., 1956), p. 20.
14. Groothuis, *Confronting*, p. 27.
15. Van Baalen, *Chaos*, p. 20.
16. Chandler, *Understanding*, p. 83.
17. Groothuis, *Confronting*, p. 28.
18. Citado en Martin Gardner, "Is-ness Is Her Business", *New York Review* (Abril 9, 1987), p. 18.
19. Chandler, *Understanding*, p. 83.
20. Dean Halverson, "A Course in Miracles: Seeing Yourself as Sinless", *Spiritual Counterfeits Project Journal*, vol. 7, no. 1 (1987), p. 18-29.
21. Chandler, *Understanding*, p. 264.
22. MacLaine, *Out On a Limb* (New York: Bantam, 1983), p. 249.
23. Para ver más sobre lo que enseñó Origen y por qué fue condenado en el Quinto Concilio Ecuménico, ver John Hick, Death and Eternal Lift (San Francisco: Harper & Row, 1980) p. 392-394. También, para ver más sobre la reencarnación y cómo tuercen las Escrituras los proponentes de la NE, como Shirley MacLaine y otros, ver Groothuis, *Confronting*, p. 94-103.
24. James Redfield, *The Celestine Vision* (New York: Warner Books, 1997), p. 138-140, y especialmente el capítulo 12.
25. Constance Cumbey, *Hidden Dangers of the Rainbow* (Layfayette, LA: Huntington House, 1983), p. 90.
26. Alice A. Bayley, *Discipleship in the New Age II* (New York: Lucius Publishing Co, 1955), p. vi.
27. Marilyn Ferguson, *The Aquarian Conspiracy* (Los Angeles, CA: J. P. Tarcher, Inc, 1990), p. 213-221.
28. Lind, *From Nirvana to the New Age* p. 52, 53. Para ver más ejemplos de analistas cristianos de la NE que no lo ven como conspiración sino como movimiento que hay que confrontar y combatir, ver Ron Rhodes, *New Age Movement*, Zondervan Guide to Cults and Religious Movements, series, ed. Alan W. Gomes (Grand Rapids, MI: Zondervan Publishing House, 1995), p. 11, 12; Douglas R. Groothouis, Unmasking the New Age (Downers Grove, IL: InterVarsity Press, 1986), p. 33-36.
29. Carrie D. McRoberts, *New Age or Old Lie?* (Peabody, MA: Henrickson Publishers, Inc. 1989). P. 49.
30. Groothuis, *Confronting*, p 190-195.

31. Para ver más sobre el debate en referencia a la industria del entretenimiento, en particular sobre películas, TV, video juegos y música, ver Lind, *From Nirvana to the New Age*, p. 119-127.

32. Berit Kjos, "The Dangers of Role Playing Games: How Pokemon and Magic Cards Affect the Minds and Values of Children, " http://www.crossroad.to/text/articles/pokemon5-99.html (acceso 18-11-00).

33. MacLaine, *Dancing*, p. 354.

34. David Spangler, *Reflections on the Christ* (Forres, Scotland: Findhorn Publishers, 1981), p. 28.

35. Ver Levi Dowling, *The Aquarian Gospel of Jesus the Christ* (London: L. H. Fowler and Co, 1947), p. 56.

36. Ferguson, *Aquarian*, p. 29.

37. Julius J. Finegold y William M. Thetford, eds, *Choose Once Again*: Selections *from A Course in Miracles* (Millbrae, CA: Celestial Arts, 1981), p. 2,3.

38. MacLaine, *Limb*. P. 233.

Capítulo 10

1. John Boykin "The Baha'I Faith", cap 2, en Ronald Enroth y otros, *A Guide to Cults and new Religions* (Downers Grove, IL: InterVarsity Press, 1983), p. 26. Ver también Walter Martin, *The Kingdom of the Cults, Updated and Expanded*, gen. ed. Hank Hanagraaff (Minneapolis: Bethany Houose Publishers, 1997), p. 321.

2. George A. Mather y Larry A. Nichols, *Dictionary of Cults, Sects, Religions and the Occult* (Grand Rapids, MI: Zondervan Publishing House, 1993).

3. La cantidad de adherentes al Baha'i, 6.500.000, se obtuvo de "Major Branches of Religions Ranked by Number of Adherents, " http://www.Adherents.com.

4. Enroth y otros, *A Guide to Cults*, p. 28.

5. Según las enseñanzas del Baha'i, hubo nueve manifestaciones en total. Además de las siete mencionadas en el texto, Mirza Ali Mohammed (El Bab) fue la octava manifestación, seguido 13 años después de su muerte por Baha'u'llah, considerado la última y más grande manifestación de todas.

6. Shoghi Efendi, *World Order of Baha'u'llah* (Wilmette, IL: Baha'I Publishing Trust, 1955), p. 40-41, citado en Enroth y Otros, A Guide to Cults, p. 30, 31.

7. Grudem, *Systematic Theology*, p. 226-230, que incluye el tratamiento de muchos otros pasajes que se refieren a la pluralidad de Dios.

8. Enroth y Otros, *A Guide*, p. 31, 32.

9. Ver el relato de una entrevista a un maestro Baha'i por Gretchen Passantino en Martin, *Kingdom of the Cults*, p. 325-327.

10. Para ver en mayor detalle las diferencias entre el Baha'i y el cristianismo, en particular las afirmaciones de Baha'u'llah con respecto al Espíritu Santo, ver Enroth y Otros, *A Guide*, p. 32-36.

11. Efendi, Baha'u'llah, p. 133, citado en Enroth y Otros, *A Guide*, p. 28.

12. Para ver un ejemplo gráfico del desagrado de Baha'i hacia las afirmaciones de exclusividad del cristianismo, ver Martin, *Kingdom of the Cults*, p. 329, 330.

13. Martin, *Kingdom of the Cults*, p. 245.

14. Todd Ehrenborg, Mind Sciences: *Christian Science, Religious Science, Unity School of Christianity*, Zondervan guide to Cults and Religious Movements, series ed. Alan W. Gomes (Grand Rapids, MI: Zondervan Publishing House, 1995), p. 7, 8.

15. Martin, *Kingdom of the Cults*, p. 248.

16. Ibid, p. 249.

17. Ibid, p. 249-250.

18. Para comparar pasajes específicos de los escritos de Eddy y otros autores, ver Martin, *Kingdom* p. 250-253.

19. Martin, *Kingdom of the Cults*, p. 254, 255.
20. Ehrenborg, *Mind Sciences*, p. 10.
21. Ibid, p. 12.
22. Science and Health (edición de 1881), p. 169, citado en Martin, *Kingdom of the Cults*, p. 250.
23. Ibid, (p. 468), p. 252.
24. Martin, *Kingdom of the Cults*, p. 262.
25. Ehrenborg, *Mind Sciences*, p. 12.
26. Ibid, p. 15, 16.
27. Science and Health (edición de 1881), p. 169, citado en Martin, *Kingdom of the Cults*, p. 250.
28. Ibid, (p. 466), p. 250.
29. Ibid, (p. 25, 45, 56), p. 260.
30. *Science and Health*, p. 266, citado en Martin, *Kingdom*, p. 261.
31. Mary Baker Eddy, *Miscellaneous Writings*, p. 261, citado en Martin, *Kingdom*, p. 261.
32. Ehrenborg, Mind Sciences, p. 29, donde resumen las enseñanzas de *Ciencia y Salud* respecto de la Trinidad, que aparecen en las p. 488:7, 8; 55:27-29.
33. *Science and Health*, p. 2 citado por Martin en *Kingdom*, p. 277.
34. Science and Health, p. 447, citado en Martin, Kingdom, p. 260.
35. Colson y Pearcey, *How Now Shall We Live?*, p. 54.
36. Colin Brown, "A World Come of Age", *Introduction to the History of Christianity*, ed. Tin Dowley (Minneapolis, MN: Fortress Press, 1995), p. 548, 549.
37. George M. Marsden, referencias en el índice bajo "Evolución" en *The Soul of the American University: From Protestant Establishment to Established Nonbelief,* (New York: Oxford University Press, 1994).
38. Douglas Futuyma, *Evolutionary Biology* (Sunderland, M A: Sinauer, 1986), p. 3.
39. "NABT Unveils New Statement on Teaching Evolution", *The American Biology Teacher*, 68, no. 1 (enero 1996), p. 61 citado en Colson y Pearcey, How Now, p. 82. Debido a numerosas protestas, la NABT debió omitir las palabras "no supervisada e impersonal" de su declaración, aunque las palabras "impredecible y natural" se entienden como indicando lo mismo.
40. William B. Provine y Philip E. Johnson, "*Darwinism: Science or Naturalistic Philosophy?*, video del debate en la Universidad de Stanford, abril 30, 1994, citado en Colson y Pearcey, *How Now*, p. 92. El vídeo está disponible a través de Access Research Network, P. O. Box 38069, Colorado Springs, CO 80937-8069.
41. Charles Darwin, *The Origin of Species* (New American Library, 1958), p. 450.
42. David A. Noebel, *Understanding the Times* (Eugene, OR: Harvest House Publishers, 1991), p. 266.
43. Para ver excelentes textos sobre el modo en que los registros fósiles, la mutación de los genes y la complejidad de la célula dan por tierra con la evolución darwiniana, ver Colson y Pearcey, "Darwin In the Dock", cap 9 en *How Now?*, esp. p. 83-90; Philip Jonson, cap 5, "Intelligent Design" esp. P. 75ff, "Opening the Black Boxes of Biology", en *Defeating Darwinism by Opening Minds* (Downers Grove, IL: InterVarsity Press, 1997). Ver también el excelente artículo de Tom Woodward, "Meeting Darwin's Wager", *Christianity Today* (abril 28, 1997), p. 15-21 para ver en detalle comentarios sobre el trabajo de Michael Behe y cómo virtualmente esta obra destruye la teoría de la macro evolución de Darwin.
44. Para ver cómo se refutan estos diversos esfuerzos por explicar la brecha en los registros fósiles, ver Jonson, *Trial*, p. 50-62.
45. Stephen Jay Gould, "This View of Life", *Natural History* (Julio 1995(, citado en Dave Foreman "Abiologism", Wild Herat (Richmond, VT: The Cenozoic Society, Verano 1997), p. 3.

46. Reverendo John Selby Spong, Obispo Episcopal de Nueva Jersey, en "A Call for a New Reformation", en *The Voice: The Oficial Newspaper for the Newark Diocese* (mayo 1998). Disponible también en el sitio web de la dioceses de Newark: www.dioseseofnewark.org/jsspong/reform.html.

47. Profesor Louis Bounoure, director del Strasbourg Zoological Museum, director de investigaciones en el French National Center of Scientific Research, artículo en *The Advocate* (marzo 8; 1984), p. 17.

48. Isaac Asimov, *In Science and Creationism*, ed Ashley Montagu (Oxford: Oxford University Press, 1984), p. 182.

49. Fuente desconocida

50. John Ankerberg y John Weldon, *The Secret Teachings of the Masonic Lodge: A Christian Perspective* (Chicago, IL: Moody Press, 1989, 1990), p. 10.

51. Para leer más sobre las logias, órdenes, ritos y otras organizaciones de francmasone-ría, incluyendo las femeninas, ver George A. Mather y Larry A. Nichols, *Masonic Lodge*, Zondervan Guide to Cults and Religious Movements, serie ed. Alan W. Gomes (Grande Rapids, MI: Zondervan Publishing House, 1995), p. 10-24.

52. Ninguna de estas afirmaciones se ha podido probar con evidencia histórica. Ver Mather y Nichols, *Masonic Lodge*, p. 7, 8.

53. Mather y Nichols, *Masonic Lodge*, p. 8, 9.

54. Ibid, p. 9.

55. Ibid p. 27.

56. *Webster's New World Dictionary* (New Jersey: Prentice Hall, 1970, 1988).

57. Mather y Nichols, *Masonic Lodge*, p. 40.

58. John J. Robinson, *Born in Blood: The Lost Secrets of Freemasonry* (New York: M. Evans & Company, 1989), p. 177. Ver también Ankerberg y Weldon, Secret Teachings, p. 244-253.

59. Mather y Nichols, *Masonic Lodge*, p. 24, 25.

60. Ibid, p. 42.

61. Ibid, p. 33-36.

62. Ankerberg y Weldon, *Secret Teachings*, p. 168-177, 215-243, 254-263. Ver también Ron Campbell, *Free From Freemasonry* (Ventura, CA: Regal Books, 1999).

63. Ankerberg y Weldon, *Secret Teachings*, p. 97, citando a Albert Mackey's *Revised Encyclopedia of Freemasonry*, revisada y con agregados de Robert I. Clegg, 3 vols (Richmond, VA: Macoy, 1966), vol 1 p. 133.

64. *Coil's Masonic Encyclopedia*, citado en *Mackey's Revised Encyclopedia of Freemasonry*, vol 2, p. 735, 746, mencionado en Ankerberg y Weldon, *Secret Teachings*, p. 119,120.

65. El líder masónico de 33vo grado Jim Show, Ex Maestro de Adoración de la Logia Azul, ex Maestro de todos los Cuerpos Escoceses de Rito, y Caballero Comandante de la Corte de Honor, citado en Ankerberg y Weldon, *Secret Teachings*, p. 131. Ver también Jim Shaw y Tom McKenney, *The Deadly Deception: Freemasonry Exposed by One of Its Top leaders* (Lafayette, LA: Huntington House, 1988), p. 126, 127.

66. Carl H. Claudy, *Little Masonic Library*, 4 (Richmond, VA: MACOM Publishers and Supply Company, 1946), p. 51.

67. Ankerberg y Weldon, *Secret Teachings*, p. 126-129.

68. Albert Pike, *Morals and dogma of the ancient and Accepted Scottish Rite of Freemasonry* (Charleston, SC: The Supreme Council of the 33rd Degree for the southern Jurisdiction of the United Status, 1906), p. 219, 161, citado en Ankerberg y Weldon, *Secret Teachings*, p. 200.

69. J. Isamu Yamamoto, "Hare Krishna (ISKCON), " Cap 6 en Enroth y Otros, *A Guide*, p. 94.

70. Ibid, p. 94.

71. Mather y Nichols, *Dictionary of Cults*, p. 117, 137. Ver también Yamamoto en

Enroth y otros, *A Guide*, p. 92-93. Los tres dioses importantes que salieron del panteón hindú de India incluían a Brama, Shiva y Vishnu.

72. Yamamoto, en Enroth y otros, *A Guide*, p. 97.
73. Ibid, p. 93.
74. Mather y Nichols, *Dictionary of Cults*, p. 139.
75. Ibid, p. 138.
76. Para leer el relato de una joven atrapada por la secta Krishna y luego liberada gracias al trabajo de sus padres, ver Ron Enroth "The Hare Krishna Movement", cap. 1 en *Youth Brainwashing and the Extremist Cults* (Grand Rapids, MI: Zondervan Publishing House, 1977), p. 19-34.
77. Enroth, *Brainwashing*, p. 23, 24.
78. A. C. Bhaktivedanta Swami Prabhupada, *Bhagavad Gita As It Is* (Los Angeles, CA: SKCON, 1975), p. 168.
79. Siddha Swarup Ananda Goswam, *Jesus Loves Krishna* (Los Angeles, CA: CEDIC Christian Committee and Life Force, Krsan Yoga Viewpoint, 1975), p. 14, citado en Martin, *Kingdom of the Cults*, p. 400.
80. Yamamoto, en Enroth y Otros, *A Guide*, p. 96.
81. Ibid, p. 96, 97.
82. Prahbhupada, *Bhagavad Gita*, p. 81.
83. Randy Frame, "The Cost of Discipleship? Despite Allegations of Abuse of Authority, the International Churches of Christ Expands Rapidly", *Christianity Today*, (septiembre 1, 1997), p. 64,66; 88; Charles Anzalone, "That New Time Religion", sección de la revista del Buffalo news (marzo 26, 1995).
84. Para una buena descripción, ver Frank S. Mead, *Handbook of Denominations in the United States*, 6th ed. (Nashville, Abingdon Press, 1975), p. 79, 107, 108.
85. Stephen F. Cannon "History of the Boston Church of Christ – Has Mind Control come to Bean Town?" *The Quarterly Journal*, vol. 9, no 2, (abril-junio 1989).
86. Frame "Cost", p. 64-68; ver también Rick Branco, Watchman Fellowship Profile, "Boston Church of Christ", 1993, disponible en Watchman Fellowship, P.O. Box 530842, Birmingham, AL 34243, o en www.watchman, org/al/.
87. James Bjornstad, "At What Price Success? The Boston (Church of Christ) Movement", *Christian Research Journal* (invierno de 1993), p. 27.
88. Para el relato autobiográfico de McKean sobre cómo desarrolló el movimiento de Boston hasta llegar a tener "alcance mundial", ver su artículo "Revolution through Restoration", disponible en la página web de la IIC, www.icoc.org (acceso el 16-11-00)
89. McKean, subsecciones "Introduction", "restoration in Boston", "The Twentieth Century Church" y "The Movement of God", en "Revolution". Ver también *Upside Down Magazine* (abril 1994).
90. Flabil Yeakley, Jr, ed, *The Discipling Dilemma* (Nashville, TN: Gospel Advocate Pub. Co., 1988), p. 37.
91. Yeakley, *Dilemma*, p. 37. Ver también Cannon, "Bean Town".
92. Ibid, p. 27.
93. McKean Subsección "Boston to Moscow" en "Revolution".
94. Frame, "Cost", p. 66.
95. Estadísticas de la página web de la IIC, en www.icoc.org.
96. McKean, subsección, "The Evidence of Grace: Growth", en "Revolution Through Restoration" Parte 2.
97. Ibid, subsección "The Movement of God".
98. Ibid.
99. Jerry Jones, What Does the Boston Movement Teach? p. 104, citado en Branch, "Boston Church", p. 2.
100. Para ver más sobre las prácticas de discipulado de la IIC, ver Bjornstad, "Boston

Movement", p. 31.

101. Kip McKean, "The Role of the Evangelist", *BBC Bulletin* (agosto 9, 1987).

102. Disponible en el sitio web de la IIC www.icoc.org.

103. Rick Bauer, *Toxic Christianity – The International Churches of Christ/ Boston Movement cult* (Bowie, MD: Freedom House Ministries, 1994), n.p.

104. Ibid.

105. Joanne Ruhland, "Effective Evangelism: Witnessing to Disciples of the International Church of Christ (también conocida como The Boston Movement) *Christian Research Journal* (otoño 1996), p. 43.

106. Informado en el Miami Herald, 25 de marzo de 1992, p. 1ª, 15ª, citado en Branco, subsección "Other doctrines in Boston Church".

107. McKean, subsección "The Ultimate Challenge: Unity" en "Revolution Through Restoration Part 2".

108. Charles Caldwell Ryrie, *Ryrie Study Bible* (Chicago: Moody Press, 1978) p. 1874, para encontrar más comentarios sobre 2 Pedro 1:20 y cómo debiera interpretarse la profecía.

109. Ibid. P. 1869.

110. Frame "Cost", p. 77. Ver también Julianna Gittler, "Church or Cult? A Look at the Controversial Los Ángeles Church of Christ", *The Long Beach Union*, Cal State University, Long Beach, student newspaper, No. 29. 1993; Olaina Gupta "A Question of Faith", *Daily Nexus*, University of Santa Barbara Student newspaper, miércoles 30 de noviembre de 1994.

111. Bjornstad, "The Boston Movement", p. 26.

112. McKean, "Revolution", p. 5-16; ver también Al Baird «A New Look at Authority», *Upside Down Magazine* (abril 1992), p. 18, 19.

113. Bauer, *Toxic Christianity*, p. 18.

114. Tim Dowley, Introduction to the History of Christianity (Minneapolis, MN: Fortress Press, 1995), p. 548.

115. Paul Kurtz y Edwin Wilson, *Humanist Manifestos I and II* (Buffalo, NY: Prometheus Books, 1973). Ver también James Hitchcock, *What Is Secular Humanism?* (Ann Arbor, MI: Servant Books, 1982) p. 11, 13.

116. Ibid, p. 17, 18.

117. Kurtz y Wilson, *Humanist Manifesto II*, declaración 6, p. 22.

118. Para ver una crítica informada del *Manifesto Humanista II*, ver McDowell y Stewart, Handbook, p. 462-477.

119. Para libros que hablan del surgimiento del postmodernismo, ver Margaret Rose, *The Post-Modern and the Post-Industrial: A Critical Analysis* (Cambridge: Cambridge University Press, 1991); Bernard Iddings Bell, *Religion for Living: A Book for Post-Modernists* (London: The Religious Book Club, 1939); Arnold Toynbee, *A Study of History* (London: Oxford University Press, 1939), vol 5, p. 43; vol 8 (publicado en 1954), p. 338.

120. Jim Leffel, "Post-Modernism and The Myth of Progress": Two Visions, en Dennis McCallum, ed., *The Death of Truth* (Minneapolis: Bethany House Publishers, 1996), p. 50.

121. Ibid, p. 50.

122. Jim Leffel, "Our New challenge: Post-Modernism", *The Death of Truth*, Dennis McCallum, ed. (Minneapolis, MN: Bethany House Publishers, 1996), p. 31.

123. Ibid, p. 32.

124. McDowell y Hostetler, *New Tolerance*, p. 19.

125. Ibid, p. 20.

126. Para ver documentación de cómo la "nueva tolerancia" se enfrenta y opone a los que tienen valores y moral cristianas, ver McDowell y Hosteler, *The New Tolerance*, p. 26, 27.

127. McCallum, *Death of Truth*, p. 199-212.

128. McCallum, *Death of Truth*, p. 31. Ver también Lee Campbell, "Post-Modern Impact: Science," cap 11 en *Death of Truth*.

129. Ibid, p. 35.

130. Ibid, p. 34, 35, 99.

131. Josh McDowell y Bob Hostetler, *Right from Wrong* (Dallas: Word Publishing, 1994), p. 15.

132. George Barna, *What America Believes: An Annual Survey of Values and Religious Views in the United States* (Ventura, CA: Regal Books, 1991), p. 85.

133. Ted Olson, "Many College Students Do Not Probe Beliefs", Christianity Today, vol 41, no 2-3 (Feb. 1997), p. 88.

134. Encuesta de Gallup, *PRRC Emerging Trends* (febrero 1992), p. 3

135. Chuck Colson "The Searing of the conscience" *Jubilee* (verano de 2000), 23.

136. Kart Van Gorden "The Unification Church", en Walter Martin, *Kingdom of the Cults*, p. 352.

137. Martin, *Kingdom of the Cults*, p. 352, 353.

138. Ibid, p. 353. Ver también Abanes, *Cults*, p. 138-140.

139. Martin, *Kingdom of the Cults*, p. 355.

140. Martin, *Kingdom of the Cults*, p. 357.

141. J. Isamu Yamamoto, *Unification Church*, Zondervan Guide to Cults and Religious Movements, series ed. Alan W. Gomes (Grand Rapids MI: Zondervan Publishing House, 1995), p. 17.

142. Martin, *Kingdom of the Cults*, p. 357.

143. Ibid, p. 358.

144. Ibid, p. 364-365.

145. Yamamoto, *Unification church*, p. 33.

146. Walter Martin, *Kingdom of the Cults*, p. 367.

147. Walter Martin, *Kingdom of the Cults*, p. 361, 362.

148. Sun Myung Moon, *Exposition of the Divine Principle* (New York: The Holy Spirit Association for the Unification of World Christianity, 1996), citado en Abanes, Cults, p. 148, xxii. Ver también Yamamoto, *Unification church*, p. 25.

149. Yamamoto, Unification church, p. 25.

150. Ronald Enroth, *Youth Brainwashing and Extremist Cults* (Grand Rapids: Zondervan Publishing House, 1977), p. 110.

151. Walter Martin, *Kingdom of the Cults*, p. 359.

152. Ibid, p. 639, 640.

153. Ibid.

154. Sinclair B. Ferguson y David Wright, *New Dictionary of Theology* (Downers Grove, IL: InterVarsity Press, 1988), p. 386, 619.

155. Dana Malean Greeley, "Spry Downgrade of Divinity", *Life* (julio 28; 1967), p. 31.

156. "What is a Unitarian?" *Look* (marzo 8, 1955), n.p.

157. Martin, *Kingdom of the Cults*, p. 642.

158. Ibid, p. 644.

159. Arvid Straube, "The Bible in Unitarian Universalist Theology", *Unitarian Universalist Christian*, vol. 44, no. 1 (19891), p. 23.

160. *We Are Unitarian Universalists* (Boston: Unitarian Universalist Association, 1992).

161. Paul Trudinger, "St. Paul: A Unitarian Universalist Christian?" *Faith and Freedom*, 43 (Spring/Summer 1990), p. 57.

162. John A. Buehrens y F. Forester Church, eds. *Our chosen Faith: An Introduction to Unitarian Universalism* (Boston: Beacon, 1989), p. 134.

163. Carl M. Chworowsky y Christopher Gist Raible, "What Is a Unitarian Universalist?" *Religions in America*, ed. Leo Rosten (New York: Simon and Schuster,

1975), p. 267, 268.

164. George N. Marshall, *Challenge of a Liberal Faith, Revised and Enlarged Edition* (New Canaan, CT: Keats, 1980), p. 237.

165. Craig S. Hawkins, *Goddess Worship, Witchcraft and Neopaganism*, Zondervan Guide to Cults and Religious Movements, series ed. Alan W. Gomes (Grand Rapids, MI: Zondervan Publishing House, 1998), p. 68.

166. Alan W. Gomes, *Truth and Error: Comparative Charts on Cults and Christianity*, Zondervan Guide to Cults and Religious Movements, series ed. Alan W. Gomes (Grand Rapids, MI: Zondervan Publishing House, 1998), p. 68..

167. Mather and Nichols, *Dictionary of Cults*, p 312, 314.

168. Craig S. Hawkins, *Goddess Worship, Witchcraft and Neo-Paganism*, p. 23.

169. Mather y Nichols, *Dictionary of Cults*, p. 312, 214.

170. Hawkins, p. 26.

171. Robinson, "Excerpts from a US District court Decision Recognizing Wicca as a religion" at the Wicca and Witchcraft website, www.religioustolerance.org.

172. Catherine Edwards, "Wicca Infiltrates the Churches", Prayer Net Newsletter, US Prayer Tract, No. 24, 1999, http://www.usprayertract.org.

173. Hawkins, p. 8-11.

174. Hawkins, p. 9-10.

175. Para ver más sobre la ética neo-pagana, ver Hawkins, p. 10-11.

176. Para ver más sobre las creencias y prácticas de Wicca, ver Hawkins, p. 11-22.

177. Starhawk (Miriam Simos) *The Spiral Dance. A Rebirth of the Ancient Religion of the Great Goddess* (San Francisco: Harper & Row, 1979), p. 9.

178. Prudence Jones y Caitlin Matthews, eds. *Voices From the Circle The Heritage of Western Paganism* (Wellingborough, Northamptonshire, England: The Aquarian Press, 1990), p. 40.

179. Doreen Valiente, *An ABC of Witchcraft: Past and Present* (New York St. Martin's Press, 1973), p. 14.

180. Margot Adler, *Drawing Down the Moon: Witches, Druids, Goddess Worshippers and Other Pagans In America Today, Revised and Expanded Edition* (Boston MA: Beacon Press, 1986), p. ix.

181. Starhawk, *Spiral Dance*, p. 84.

182. Ceisiwr Serith, *The Pagan Family: Handing the Old Ways Down* (St Paul, MN: Llewellyn, 1994), p. 198.

183. Starhawk, *Spiral Dance*, p. 13, 109.

184. Starhawk, *Spiral Dance*, p. 14.

185. Silver Ravenwolf, *Teen Witch: Wicca For a new Generation* (St. Paul, MN: Llewelly, 1998), p. xiii.

186. Ravenworf, portada.